新聞力

できる人はこう読んでいる

齋藤孝 Saito Takashi

★──ちくまプリマー新書
263

目次＊Contents

はじめに

2016年に選挙権が18歳に引き下げられ、国政選挙で実際に18歳の高校3年生が投票しました。

今、高校では「主権者教育」が進められています。新聞を活用する力、すなわち「新聞力」は、この主権者としての力をつけるのに柱となるものです。新聞を活用して「総合的な判断力」を身につけることが、今求められています。

こうした新しい状況をふまえて「新聞力」をテーマにお話しさせていただきます。

みなさんはネットやスマホを使いこなす時代に生まれていますから、なぜ今、新聞なのか、不思議に思うかもしれませんね。

でも新聞にはみなさんが知らない力が隠されているのです。

みなさんが憧《あこが》れるような人や世の中で成功している人、社会の役に立つ仕事をしている人はたいてい新聞を読んでいます。

なぜなら新聞にはニュースをはじめ、たくさんの情報がつまっているからです。社会のニュースというのは、言ってみれば世界で通用する貨幣のようなものです。たとえばみなさんは8年前に起きたリーマン・ショックという出来事を覚えていますか？

アメリカの大手証券会社リーマン・ブラザーズが突然倒産、世界経済が大打撃を受け、日本でも株が下がったり、企業が倒産したり、しばらく大変なことになりました。

このリーマン・ショックについて、新聞を読んでいた人はある程度語ることができます。でも新聞を読んでいないと、何も話すことができません。

「あれも知らない」「これも知らない」では、人ときちんと向き合って、大事な話をすることができません。どの世界にも、〝情報弱者〟といわれる人たちはたくさんいます。世の中で何が起きているかわからず、社会から取り残されてしまう人たちです。

取り残されるとは、つまり損をするということにほかなりません。

新聞はそうした〝情報弱者〟になることから、私たちを救い出してくれるのです。

新聞を読むのは、毎朝、毎晩のことです。単純に計算すると1年で365日×朝・夕の2回＝730回、新聞を読むことになります。

1年で730回新聞に目を通す人と、まったく読まない0回の人がいて、これが毎日積み重なっていくと、10年で片方は7300回、もう一方はずっと0のままです。

この差は大きい。毎日必ず新聞を読み、さまざまな情報に接することは、その人の人生や考え方、ひいては社会的な活躍に必ず影響してくるのです。

この本では新聞を読むことで身につく力、効果的な新聞の読み方、活用のしかたについて、コンパクトにまとめてみました。

本題に入る前に、ちょっと私自身のことをお話ししましょう。

幼い頃から記憶に残っている限り、私の家にはいつも新聞がありました。昔は私の家だけでなく、どの家でも新聞があるのが当たり前だったんです。

学校で先生が「家から新聞を持ってきてください」と言うと、クラス全員が持ってきました。今、学校で先生がそう言ったら、いったい何人の人が持ってこられるでしょう。

それほど豊かでない家でも、新聞だけは取っていた。そういう時代だったんですね。

しかも私の家では、父が会社を経営していたので、5紙も新聞を取っていました。5

紙！　それだけ取っていますと、新聞は朝刊、夕刊が来ますので、さすがにすごい量になってしまいます。

ですから父はつねに新聞を読んでいました。朝、起きては新聞を読み、夜家に帰ってくると、食事をしたり、お酒を飲んだりしながらずうっと新聞を読んでいる。それが当たり前の風景だったので、子どもたちもごくふつうに新聞を読むようになりました。私も「朝日小学生新聞」を取ってもらって、毎日父の横で新聞を広げて、いっちょまえに新聞を読んでいたものです。

大学進学のために静岡から東京に出てきて、ひとり暮らしをするようになったとき、私が一番最初にやったのも新聞を取ることでした。私のまわりのひとり暮らしの学生たちをみてもたいていの人は新聞を取っていました。新聞はいわば空気みたいな存在、あるのが当たり前だったんですね。

だから新聞の休刊日にはちょっとガックリしました。私は講演会で新聞購読世代調査をやっているのですが、新聞が来ないとガックリする人の割合は70歳以上ですと9割にのぼります。でも大学生に聞いてみると、そういう経験がある人が5％以下です。

すごい差ですね。新聞を当たり前のこととしてとらえ、朝ごはんを食べるように読んでいた世代から、それをほぼまったく読まない世代へと移り変わってしまったんですから。ここはすごく大きな変化だと私は感じています。

もちろんいい変化ではなくて、悪い変化ですよ。若い人たちの間で、新聞を通じて得られるはずの社会意識や常識が低下してしまったのです。

しかも日本語力も低下してしまった。これはゆゆしき問題です。

新聞というのは、いわば実用日本語のお手本みたいなものです。2日分の朝・夕刊をまるまる読むとどれくらいの文章量になるかわかりますか？　だいたい薄い新書1冊分くらいの分量になるのです。

かつてはそれぐらいの分量を平気で読む人が9割以上いたわけです。だからこの人たちの日本語力は基本的にしっかりしています。

また新聞にしっかり目を通しているから、社会についてだいたいのことは知っている。これはとても大事なことなんですね。

たとえば、日本の野球が世界的に見てわりと強いのは、ほとんどの人が野球のルールを知っているからです。あるいは日本ではゲーテやドストエフスキーの作品が好まれましたが、これらは難解なので、世界のあらゆるところで読まれているわけではありません。でも日本ではたくさん読まれています。

みんなが新聞を読んでいたので、活字を読むことに慣れていて、日本語の理解力もあったし、それだけの知識や教養も知らず知らずのうちに身についていたんですね。みんながある程度の基準を共有し、押し上げていけば、その国の文化は繁栄します。戦後、奇跡といわれた日本の繁栄や、世界が感嘆する日本の公共心の高さが新聞の普及率と無縁ではなかったと私は思っています。

新聞大国・日本を支えてきたのは新聞宅配制度です。外国では新聞は駅などで買うことが多いのですが、日本では、新聞配達の人たちが朝夕、新聞を届けてくれます。この宅配制度が日本人のレベルを上げてくれていたのです。

雨の日も、風の日も、雪の日も、新聞を届けてくれている人たちに感謝するところから、この本を始めたいと思います。

「ありがとう！　新聞配達のみなさん！」

第1章

なぜ今、新聞なのか

1　新聞の良さは記憶のフックがたくさんあること

みなさんの家では新聞を取っていますか？　取っていない家庭が多いと思います。今はインターネットが普及しているので、わざわざ新聞を取らなくても、ネットで無料の情報が好きなだけ検索できるようになっています。

「新聞なんて、必要なの？」そんな声も聞こえてきそうですね。でも新聞はやはり必要だと私は思います。ネットにメリットがあるように、新聞にもメリットがあるんです。

そのメリットは何かというと、ひとつにはネットの画面で見るより、紙に印刷された文字で読むほうが記憶が定着することです。

ネットの情報はどうしても画面をサーッと流してしまいがちです。感覚的に文字が頭にひっかからないので、記憶にあまり残らない。サーッと読めてしまうのが、ネットの良いところでもあるのですが、記憶に定着するかという点で見たら、紙に印刷されたもののほうが、圧倒的に有効なのではないでしょうか。

なぜかというと、紙に印刷されたものは、文章が書いてあった場所や形を記憶にとどめやすいからです。

みなさんも新聞の紙面を思いだしてみてください。見出しの位置や大きさがみな違いますし、記事が縦長だったり、横長だったり、レイアウトがいろいろですね。みな違うので、記憶にひっかかるフックがたくさんあるのです。

教科書もそうですね。私は世界史や日本史を勉強するとき、「あの話は教科書の右上に書いてあった」「あの項目は左すみにあった」など、場所や位置で記憶していました。

でももしそれらの事項がバラバラにタブレットの画面に出てきたら、ものすごく記憶しづらかったと思います。ネットの場合、全部が横書きの同じパターンで出てくるので、メリハリがなく、記憶に残りにくいのです。

たとえていえば、新聞の面は住宅地で、そこに掲載されている記事は家のようなものです。新聞の場合はいろいろな形の家がさまざまなレイアウトで存在しているので、和風テイストのあの家とか、赤い屋根の洋館のあの家などと、ひとつひとつが記憶しやすい。

一方、ネットの記事は整理されているので、同じ形の家がずっと続いていくような感じです。つまり人工的な街なみなので、どの家をとっても記憶しづらいのです。

新聞のほうがいろいろな記事を、航空図のように一覧できる良さがあります。

この「一覧性」が新聞のメリットです。ぱっと開いたときに全体を見通しやすいので、ざっと見出しを見て、その中でセレクトして記事を読むことができます。

ネットは順番に流して見ていくことしかできませんから、新聞のような一覧性はないわけです。

もちろんネットにも良い点はあります。記事を検索することにかけてはネットの右に出るものはありません。過去の記事の検索はネットなら一発でできます。関連する記事をまとめて読むこともできます。

これが新聞だと、図書館まで行って、いちいち他の新聞を調べたり、過去の縮刷版を広げなければいけません。その手間たるや、考えただけで気が遠くなります。ネットがない時代は、一日中、図書館にこもってそんなこともしていたわけです。

そう考えるとネットの便利さははかりしれません。でもだからといって、ネットだけで事足りるわけではないと私は思います。

印刷された新聞ならではの良さがある。それを忘れてはいけないと私は思います。

2　新聞は情報感度を上げ、深い話をするのに役立つ

新聞を読むメリットはそれだけではありません。新聞を読んでいると、毎日情報が入ってくるので、「情報感度」が上がって、人と深い話ができるのです。新聞を読んでいる者同士であれば、当たり前に政治や経済の話ができます。

でも一人が新聞を読んでいてもう一人が読んでいなければ、そういう話はできません。「この人、ニュースを知らないな」と気づかれると、そもそも相手はそういう話題はふってこないし、仮にしたとしても、議論は深まりません。

そうなりますと、どうしても社会以外のことに話題が行ってしまいます。「あのお店は美味《おい》しいよ」とか「最近、元気？」とか、ごく日常的な話題ばかりになってしまい、そういう次元の話ばかりしていると、社会に向けて意識が向きづらくなります。

今、まさに私は大学でこのことを痛感しているのです。今の大学生は新聞でニュースをざっと読む習慣がないので、急に「英国のEU離脱問題について説明してください」と言っても、深い話ができないのです。

しかし、こうした大学生たちも、新聞の切り抜きを2週間やるだけで、格段に中身の濃い話ができるようになります。

かつては日本のほとんどの世帯が新聞を取っていて、毎日の事件や出来事、社会の動きの情報を共有していました。

刻一刻移り変わる社会の情報をみなが共有することで、人々の会話が成り立ち、日本の政治、経済を下支えしていたのです。

各家庭にはもちろんのこと、行く先々にも新聞があるのは当たり前でしたから、大学や会社にも新聞はあるわけで、家で読めなければ、そこで読んだり、通勤時に読むのも日常の光景でした。

ちなみに私が東京に出てきた頃は、電車の中で新聞を読む人がたくさんいました。今はみんなスマホをいじっていますが、当時はかなりの人が新聞を読んでいたのです。

しかも満員電車の中で、新聞を縦に四つ折りにして、周りの人に迷惑をかけないよう読む名人芸の人もたくさんいました。当時の人たちは満員電車の中でさえ、新聞を読みたいと思っていたんですね。

いい意味で活字中毒だったわけです。なぜそこまで中毒になってしまったのかというと、新聞はニュースペーパーというくらいですから、つねに新しい情報があふれていたからです。

そういった新鮮な情報にふれるのが心地よかったのです。ここが本との決定的な違いです。本は何百年も前に書かれたものもあるくらいで、時間的には昨日、今日の情報が載っているわけではありません。もう少し長いタイムスパンになります。

たとえば『論語』は2500年くらい前に書かれたものですから、普遍的な内容ではありますが、最近のことを知るには適していません。一方、新聞には日々のことが書かれているので、情報の新陳代謝が盛んです。

日々更新される新しい情報を知りたいという欲求や、その情報にふれている満足感が、活字中毒を招いたといえます。

かつての日本には毎日そうやって新聞の情報を入手しないと気が済まない活字中毒の人たちが9割はいました。すごい社会だったんですね。

しかし私たちはそれをごく当たり前のことと思っていたので、日本がひじょうに知的レベルの高い社会であることに気づきませんでした。

そして今、新聞を読まない人たちが圧倒的に増えてしまい、日常会話として政治、経済の深い話ができなくなってしまったのです。

物事の判断基準も変わってしまいました。基本情報量の多い人間が判断するのと、少ない人間が判断するのとでは、判断の精度にも大きな差が生まれます。

情報量が少ない人が判断するとどうなるのかというと、そのときの気分や個人の好き嫌いで判断するしかなくなります。大切なことを、そのときの気分や好き嫌いで判断するわけです。

今まさに日本ではそういう状況が進んでいるのです。

3　テレビやネットのニュースも実は新聞記事をもとにしている

情報は新聞から得る、という話をすると、「ニュースならネットやテレビで十分知ることができますよ」と言う人がいます。みなさんもそう思っているのではないでしょうか。でも、今は情報化社会と言われるわりには、収集している情報が圧倒的に少なかったり、偏っていると思います。

私も、「みんな、スマホやパソコンやタブレットを使っているから、ネットのニュースくらい見てるかな」と思って、学生たちにいろいろニュースの話題をふってみるのですが、それほどネットのニュースをチェックしているというわけではないようです。

やはり新聞を読んでいるかどうかで情報量が決定的に違ってしまう。新聞というのは情報収集の柱なんですね。結局、ネットでも積極的にニュースなどを読むのは新聞も読んでいる人たちのようです。

インターネット社会といっても、社会に関心がなければ自分の興味があるところしか見ません。そうすると情報の範囲が限られてしまいます。

しかし新聞を読む人は、興味がある記事以外にも一面や経済面、社会面などひと通り眺めますし、大見出しになっているところはいやでも目に入ってきます。

つまりいろいろなアンテナが立っているので、中国経済の話や安保法制、ヨーロッパの難民問題のことなど幅広くアンテナにひっかかってきます。

そういう人がネットのニュースを見るときは、新聞である程度の情報が入っているので、ネットでも重要な記事や社会で問題になっていることなど、主体的に記事をセレクトし、関連記事をまとめて読めるようになります。

私も新聞が手元にない場合は、ネットのニュースを読みますが、日頃から新聞を読んでいて情報に対するベースができているので、関連した情報をうまくくっつけて探し出すことができます。ネットのニュースはあくまで新聞記事のサブとして取得するのが正しいやり方だと思います。

ところでネットで流しているニュースは、誰がつくっていると思いますか？

ヤフーニュースなど、ネットに載っているニュースはIT企業の社員が取材して書いたものではありません。新聞各社が出している記事を短くまとめて、要約して出しているのです。だからネットのニュースの詳しい情報源は新聞にあります。

しかし今「メディアとはなんですか？」と質問して「新聞」と答える人は1～2割しかいないのではないでしょうか。情報提供という意味で新聞はひじょうに大きな役割を果たしているにもかかわらず、情報源が新聞であるということにあまりに関心が払われていない。それが現状です。

私はテレビのコメンテーターを引き受けたとき、驚いたことがあります。それはテレビの情報コーナーで新聞を拡大したものをボードに張り付け、解説していることでした。私自身も情報番組でそうした新聞の解説をしましたが、最初のうち、それをやっていると、とても不思議な感じがしました。

「新聞ぐらい、みんな読んでいるはずなのに、なぜわざわざ新聞を拡大してテレビで見せるのだろう」と違和感を持ったのです。

でも今の時代はそれぐらい新聞を取る人が少なくなっていたのだということがわかってきました。ましてや私の家のように1軒で何紙も新聞を取るところなどほとんどないでしょう。

テレビの新聞コーナーでは、３紙くらいを比較するので、同じ問題についても新聞によって見解が違うことがわかります。なるほどテレビで新聞を流す意味もあるのだな、と納得したことを思いだします。

新聞は読まなくても、ニュースに関心がある人はひじょうに多いので、テレビでニュースについてコメントするときは、「何々新聞によると」など、新聞に基づいて紹介したほうが視聴者も安心します。

なぜなら新聞には事実が書かれている、とみんなが思っているからです。読まなくてもたいていの人には新聞への信頼感があります。

ですから新聞が事実ではないことを報道したとなれば、新聞社全体が揺らぐような大騒ぎになります。原発事故の報道でもいろいろなミスが発覚したことがありましたね。そうなるとたちまち新聞社の信頼性が問われてしまうのです。

たしかに新聞は「事実」に対して厳格です。取材しても必ず裏付けを取るのが原則です。ですから新聞では毎日膨大な分量の記事を掲載しているにもかかわらず、訂正記事はほんのわずかしかないんです。

これはとりもなおさず新聞記者の人たちが、かなり頑張って仕事をしているからにほかなりません。彼らは毎日一生懸命、人々に事実を伝えようとしているのです。そしてテレビで新聞記事が紹介される理由も、テレビ局が独自に取材して、毎日ニュースをつくりあげるのは大変だからです。もちろんテレビ局も取材はしますが、たいていは新聞報道を参考にして、中身をチェックした上でニュース原稿をつくっています。

テレビというメディアに取材能力がないわけではありませんが、やはり新聞社のほうが圧倒的に取材能力が高いのです。

しかし最近では新聞社も新聞購読料が減り、徐々に記者が少なくなり、報道の基盤が脆弱《ぜいじゃく》になりつつあります。新聞社は新聞紙という紙媒体の購読料によって成り立っているのですが、かつてのように日本のほとんどの世帯が新聞を取っているという、新聞紙を中心とした情報化社会のまれにみる成熟ぶりは、もはや見る影もありません。

新聞を購読する人が減ったので、新聞広告の価値も下がり、広告収入も減少しています。

ネットのニュースはタダで便利なようですが、そのニュースは、新聞の購読料や広告収入に支えられています。タダで質の高い情報を提供できるわけではないのです。

世の中に伝えられるニュースなど情報の大元は新聞であることにもう少し関心を払い、新聞を大事にする文化的土壌が必要だと私は思います。

4　新しい学力の柱「メディア・リテラシー」はこうして身につける

今は学校でも新聞を活用した授業を取り入れていく動きがあります。以前から学校や先生によっては新聞を使った授業を取り入れていたのですが、最近になってそれがきちんと学習指導要領に組み込まれるようになったのです。

ですから学校の先生たちはみな、新聞を活用した授業をするようになりました。子どもたちが新聞に興味を持ち、新聞を通してさまざまな力を身につけていけるようサポートする授業が行われるようになったのです。

これはメディア・リテラシーを身につけさせるための取り組みです。メディア・リテラシーとは新聞をはじめとするメディアを読み解く力、読解力です。

たとえば、読解力があまりない場合、ひとつのメディアが言っていることを全面的に信じてしまい、その情報だけに左右される人間になってしまいます。

でもいくつかのメディアを比較できれば「事実はこうだが、これにたいする意見は3つある」というように、物事を整理してとらえることができます。

メディアが伝える真意をつかむ、あるいは各メディアの立場を理解したうえで、その主張を把握したり、自分なりの判断をする。このようにメディアを読み解く力がメディア・リテラシーなんですね。

メディア・リテラシーを身につけるには、何といっても新聞を中心にして鍛えるのが一番です。新聞を読まずに、テレビだけで情報を得て、鍛えようと思っても、メディア・リテラシーは身につかないと私は思います。

たとえばテレビ番組にはコメンテーターと言われる人が出てきて、解説したり、意見を述べたりします。テレビだけ見て、その意見を聞き、「その通りだ」と思ってしまうと見方が偏ってしまうのです。

でも新聞を3紙ぐらい読んでいると、コメンテーターの意見を聞いても「この人は右寄りだな」「政権寄りの意見だな」「ちょっと独善的すぎる」などと判断できます。

テレビのコメンテーターはそれなりの肩書や実績のある人が出てくるので、ついその人たちの意見が正しいと思ってしまいがちです。でも必ずしもそういうわけではないんです。

私はテレビを見ていて、「よくもまあ、こんな無責任なことが言えるな」と思うことがしばしばあります。同業だから、よけいにびっくりしてしまうのです。

そもそも事実を受け止めるところから、すでにねじ曲げて、ほぼ歪曲《わいきょく》に近いかたちで話してしまう人さえいます。

ですから情報を判断するとき、テレビのコメンテーターのコメントを聞いただけではまったく不十分です。かと言って、新聞1紙を読んだだけでも心もとない。

少なくとも2紙ぐらいチェックすれば、意見の共通点や違いが見えてきて、バランスの取れた判断力が身につくのではないでしょうか。

テレビだけではメディア・リテラシーをつけるのに不十分です。ではインターネットだけでメディア・リテラシーはつくでしょうか。残念ながらインターネットだけでも心もとないと私は思います。

今はインターネット時代なので、ネットで情報を得るのも、みなさんにとっては当たり前のことでしょう。でも少なくともネットのニュースで関心を持った記事は、紙媒体でチェックしたり、あるいは紙媒体を見てから、インターネットで関連記事をチェックする癖をつけてください。

そういうふうにネットと紙を往復しながら、情報に厚みを持たせていくやり方が、情報のつかみ方としては正解だと思います。そこにテレビも加えて、ネット、新聞、テレビと三者で回していくのが理想的です。

テレビのニュース番組はしっかり時間をかけてつくっているので、ひじょうにわかりやすいというメリットがあります。新聞を読んで、テレビを見る。あるいは新聞を読んでからテレビを見て、インターネットのニュースも見る。このように三角形で回しますと、かなりのことがわかるようになり、メディア・リテラシーも養われるでしょう。

情報入手という点では本を読む方法もあります。しかしこれは別な文脈の感じがします。私たちは今という社会で空気を吸って生きていますが、本にはたった今の社会のことというよりは、もう少し深いレベルの教養や生き方、まとまった専門的知識について書かれています。

私は新聞と同様に、本もたくさん読んできましたが、その中には専門性が高くすぐには理解できないもの、読解力の要求されるものなど深い知識が要求されるものがたくさんあります。

一方、新聞は、それほど深い知識がなくても、紙面を開きさえすれば誰でもすぐに理解できるように書かれています。みんなが理解できることが書かれているのが、新聞のいいところです。

たとえば、哲学者のハイデッガーやニーチェの思想を本当に理解するのには何十年もかかってしまうでしょう。でも新聞ならそんなことはありません。新聞はふつうの日本人にもわかる平易な言葉で書かれています。これさえ読めば世の中のひと通りのことがわかるようになっています。こんなに便利なものはありません。

メディア・リテラシーを養うには、新聞というメディアは絶対に欠かせない材料だと思います。

5 新しい学力と新聞はいい関係にある

新聞を活用して授業をやると、メディア・リテラシーはもちろんのこと、「新しい学力」といわれる、これからの時代に要求される能力も身につきます。

新しい学力とは何かというと、問題を発見して、解決していく、問題解決型の学力のことです。従来の学力は、各教科に分かれた系統的な学習に基づくものでした。

算数であれば足し算と引き算の次に掛け算や割り算をやるというような系統的に順序づけられたものだったのです。

みなさんも学校では系統だって授業を受けてきたと思います。足し算引き算の次に掛け算割り算、その次に分数など、順番に覚えていくやり方ですね。

でも今なぜ新しい学力が必要になってきたのかというと、世の中で私たちが直面するさまざまな問題は算数だけで解けるわけでもなく、国語だけで解けるわけでもない。総合的な力が必要になってきたからです。

たとえば地震で被害を受けた地域を復興していくという課題があったとします。

復興は土木や建築の知識だけでは解決できませんよね。そこに住む人たちの心のケアやコミュニティづくり、福祉の充実などさまざまな知識が必要です。そういう問題を解決していくために、考える力を養っていくのが新しい学力の大きな柱です。

新しい学力の先駆けとなったのは、アメリカの教育哲学者であるジョン・デューイという人です。彼は1896年1月、シカゴに実験学校（Laboratory School）をつくりました。

彼は個人の家を借り、ごく少数の生徒に対して、問題を解決していく総合学習型の教育を行いました。そして1899年4月、関係者や生徒の親たちに、3年間の実験の報告をしました。この講演の速記をもとに出版されたのが『学校と社会』（宮原誠一訳、岩波文庫）という本です。この本でデューイは次のように述べています。

「バラバラの教科を学んでいても、実際の問題解決にはさほど役立ちません。まずは実際の問題をとらえ、それを解決するためにさまざまな教科の力を活用していく学習のあり方がよいのではないでしょうか」

つまり彼は総合的な学習を提唱したのです。これが日本にも入ってきて、総合的な学習の時間が正式に取り入れられるようになりました。

ただ日本では不幸なことに、それがゆとり教育とセットになってしまいました。ゆとり教育では教育内容を3割削減した代わりに、「生活科」という総合的学習を取り入れました。でもそれがあまりうまくいかなくて、すっかり印象が悪くなってしまいましたね。

もちろん全部が失敗したわけではありませんが、全体としてはあまりうまくいかなかった。そして今は再び「系統的な教科学習が重要だ」という考え方に戻りつつあります。

その一方で、世界ではPISA（Programme for International Student Assessment：OECD加盟国の学習到達度調査）というテストが、学力を測る国際的調査として大々的に行われるようになりました。

この学力調査ではどちらかというと、考える力や読解力・ICT活用力など、問題解決型の力が求められています。日本でもゆとり教育は頓挫したものの、最近ではPISAを意識し、もっと新しい学力（つまり物事を自分で考え、問題解決できる力）を身につけるべきだと言われ始めているのです。

系統的に行われる従来の教科学習を維持しつつ、新しい学力を身につけていく。今後はそういうハイレベルな理想や目標を掲げることになるでしょう。

そういう新しい学力を身につける教材として最適なのが新聞です。

なぜかというと、新しい学力においては、情報を幅広く収集し、そこから情報をセレクトして編集し、自分なりの意見を持つ能力が（これを情報処理能力とか情報活用力と言っています）ひじょうに重要な柱となるからです。

しかもそこでは、他の人たちと協同して考えていくことがしばしば求められています。かつての受験勉強では、何人かで協同して問題を解くことはまずなかったと思います。でもこれからはグループを組んで調査したり、討論して意思決定したり、問題解決していく協同作業の力が新しい学力として問われているのです。

そのさい、協同的な学習に適しているのが新聞です。なぜかというと、新聞に書かれている題材なら、一人一人の基礎的な学力や知識の差はあまり問われずに、協同作業ができるからです。

もちろん新聞を使わずに、今まで通り、教科の中からテーマを選ぶことも可能です。

たとえば世界史の大航海時代や宗教改革、第一次世界大戦について討論してもいいのですが、大航海時代について多面的に討論するためには、まずは教科書に載っていることを覚えなければなりません。

系統的な学習を題材にすると、そうした基礎知識がなければ、討論に参加することさえできません。でも新聞であれば、教科に関する系統的な知識にバラつきがあっても、各自がいろいろな意見を言いやすく、討論しやすいというわけです。

系統的な学習は今まで通りにこなしつつ、新聞のような誰でも参加できる題材をもとに議論をしたり、新聞を数紙並べて、立場の違いを分析するのが新しい学力の身につけ方です。

新聞から得たさまざまな情報を自分なりに編集し、さらにAくんやBさんの視点もかんがみた上で、自分の意見をまとめてみる。それができるようになれば、本当の意味で思考できる人間になれたといえるのではないでしょうか。

もちろん、今までの系統的な学習でも、考える力は身につかなかったわけではありません。でも限界がありました。試験では答えだけが求められて、自分の意見まで問われることはありませんでした。ですから、どんなふうに考えてその答えにいたったのかという思考の過程は評価されることがなかったのです。

要するに答えさえ合っていればいい、というのが今までの学力だったんですね。これからはそこに至るまでのプロセスも含めて、どう問題を解決していったのか、その過程が学力と見なされるようになってきたのです。

そうなると、さまざまな意見や情報がわかりやすい形で一覧できる新聞は、考えるプロセスを鍛える材料としては最適です。新聞には、日々たくさんの社会問題が掲載されています。問題解決型学力を向上させる練習問題が毎日大量にあるわけです。これを活用しない手はありません。

その意味でも新しい学力と新聞はとてもいい関係にあります。世界で通用する「新しい学力」をつけようと思ったら、新聞を読んで考えるのが一番早道だというわけです。

6　新聞で鍛えた社会を見る目で、就活を突破しよう！

私たちは社会の空気を吸い、その中で生きている以上、社会のことをよりよく知っていることが大事です。つまり社会感覚や社会意識を持つことが大切だということです。それがない人はどうなるか。今の社会にたいする感性や、社会に適応しようとする意識がないと、就職はうまくいきません。

みなさんを採用し、雇用する企業は社会の側にいます。その証拠にある学生を会社に採用するかどうか決める場合、社会的な感覚がない人だとおっかなくて雇えませんよね。「もしかしてこの学生は、社会的ルールも知らないいんじゃないか」と思われてしまったら、まず採用してもらえないでしょう。

新聞を読んでいると、少なくとも今の社会の常識や感覚、物事の良し悪しの区別が付くようになります。それが社会感覚、社会意識ということです。

殺人が悪いというごく基本的なことは誰にだってわかりますが、新聞には「職権乱用」や「汚職」、「名誉棄損」など、今の社会で起きている法律違反についての記事がたくさん取り上げられています。

「汚職」でつかまったこの人はどこで法律を踏み越えてしまったのか。「職権乱用」はどういう経緯でなされたのか。そういった記事を読めばいやおうなしに法律とは何か、社会とは何かということについて考えざるを得ません。

就職活動ではそうした社会的な姿勢が問われているのです。

社会では一定のルールを守らなければ、新聞沙汰になってしまいます。新聞を読んでいると、何をしてはいけないのかということがよくわかります。

社会にはさまざまなルールがあり、我々はその中で生きている。新聞を読んでいるうちに、そういうことが自然に身につくようになるわけです。

しかし、こういった社会性を高校までに身につけている人はごくまれです。「じゃあ、大学で身につければいいじゃないか」と言う人もいるかもしれませんが、そもそもみんなが大学に進学するとは限りませんし、また大学に行ったとしても、4年間で社会感覚をきちんと身につけられるとは限らないのが現状です。

なぜなら、学生は社会人ではないからです。社会人になるとはどういうことかというと、働いて税金を払うことです。働いて税金を払っている人は、自分の税金がどう使われるのか気になるので、何となく社会意識を持っています。税金を払うことが社会貢献になることも知っています。

でも税金を払っていない学生は、社会に対する接点がないので、税金を納めることについて肯定的な見方ができにくくなります。「税金を払うのは損だ」とか「税金なんて払いたくない」と思ってしまうわけです。

しかし新聞を読んでいれば、税の分配のされ方や使い道がわかりますから、これについて真剣に考えるようになります。税を納めることが最大の社会貢献であるということもわかってくるのです。

すると社会の一員として生きていく自覚が芽生えてくるので、社会の役に立とうとする姿勢が自然に生まれます。企業や社会はこうした学生を欲しがるわけです。社会の一員として生きていく意識を育てるためには、新聞が一番の教科書であり、王道です。

社会的な意識は急には育ちません。ふだんから新聞を読んで、社会を見る目を鍛え、就活を突破しましょう。

第2章

サイトウ流「新聞活用術」

7　2週間のスクラップ経験がその後の人生を変える

私は大学で必ず新聞の授業を取り入れています。1年生の授業でもやりますし、就職活動を控えた3年生の授業でもやります。

なぜかというと、ほとんどの学生には新聞を読む習慣がないからです。そんな状態で社会に出るのはおそろしい気がします。

ましてや私が教えているのは、教員志望の学生です。新聞を読む習慣がなく、社会のことにあまり関心がない状態で、人を教える教師になるのはかなり危険です。

新聞を読む習慣は、社会人にとって運転免許みたいなもの。無免許で公道に出たら、すごく危険ですよね。新聞を読まず社会人になるのは、それと同じくらい危いことです。ですから私は授業で学生たちに必ず新聞を読んでもらいます。そのとき、とりあえず2週間読んでみることをすすめています。

1～2週間、集中して新聞を読むと、今の社会のことがだいたいわかります。シリアとイスラム国（ＩＳ）の関係、ＴＰＰが国内経済に与える影響、中国や北朝鮮の動きなど、政治・社会的な問題についておおよその感じがつかめます。

その効果は絶大で、新聞をほとんど読んだことがない学生でも、1〜2週間継続して読み、記事の切り抜きをすると、一気に社会について詳しくなります。これは案外早いものだと思います。

トルストイの『戦争と平和』のような長編小説をふつうの人が読み切るのは難しいのですが、新聞はそれよりずっと敷居が低く、中高生でも読めるようにつくられています。

授業ではスクラップブックをつくってもらいます。ふつうのノートを買ってきて、見開きのページの左側に記事を切り抜いて貼り付けます。そして右側のページには記事の内容を図化してまとめ、自分のコメント（意見）を書きます。

記事は文字になっていますから、その内容を矢印などを使って図でまとめ直していくと、ビジュアルで内容が理解でき、問題の全体を把握する力がついてきます。

図解の訓練は新聞記事でやるのがちょうどいいのです。新聞記事は長すぎないので、内容をつかんで、図にするのに手頃な材料になります。

図にできなければ、2〜3行くらいの簡単な要約を書いてもいいでしょう。図にする

*なぜこの記事を選んだか

スマートフォン向けゲームアプリ「ポケモンGO」の人気が身近なところで高いと感じている。ここからくる影響の一端を知りたかった。

*記事が伝えようとしていること

「ポケモンGO」人気にあやかった経済効果を企業や自治体が期待し、模索をしている。

*印象に残ったところ

鳥取県知事が、鳥取砂丘を「ポケモンGO」が自由に遊べる「解放区」だと宣言した、という部分。

*思ったこと

ゲームに熱中しすぎて起こる禁止区域への立ち入りや事故など、問題が指摘されている面もあるが、屋外がゲーム空間そのものになっていることで想像以上にいろいろな可能性を秘めているように感じられた。

企業 ポケモノミクス期待

充電器売り上げ「7倍」／おにぎり・日焼け止め人気

スマートフォン向けゲームアプリ「ポケモンGO（ゴー）」の国内配信が22日に始まってから1週間が経過した。屋外に出て遊ぶゲームの特性から、スマホの充電器や日焼け止めグッズ、歩きながらでも食べられるおにぎりなどの売り上げが伸びており、ポケモンGOによる経済効果「ポケモノミクス」の拡大に期待が高まっている。【浜中慎哉、土屋渓】

国内配信1週間

ゲームは屋外を歩いてポケモンを探して捕まえるため、売り上げが急伸しているのがスマホの充電器だ。全地球測位システム（GPS）を常に使うのでスマホは"フル稼働"状態で電池の消費が早くなるからだ。家電量販店のビックカメラとヨドバシカメラでは配信開始後初の土日となった23、24の両日で、充電器の売り上げは昨年7月末の週末と比較して約7倍増。ヨドバシカメラでは「充電器を求めて行列ができた店舗もあったほど」だ。

コンビニエンスストアのファミリーマートでも両日の充電器売り上げは同2倍増だった。さらにおにぎりやパン、菓子類の売り上げも1割増。同社は「ゲームをしながら手軽に食べられるから」と説明する。セブン－イレブンでは日焼け止めや虫よけのスプレーも人気で、広報担当者は「炎天下、公園などでゲームを楽しむ利用者が購入したのではないか」と推測する。

企業として世界で初めてポケモンGOと提携した日本マクドナルドは、全国の店舗がゲームに使うアイテムを入手できる「ポケストップ」などに設定されており、広報担当者は「特に都市部の店舗ではポケモンGOを楽しむお客さんが多い」と、この1週間を振り返った。売り上げデータなどがまとまっていないため、ポケモンGO効果を具体的に説明できないというが、集客増への期待は大きい。

小売り以外でもポケモノミクスへの期待は高まっている。スマホ部品も製造する電子部品メーカー大手、村田製作所の藤田能孝副社長は28日、決算会見で「安物のスマホでは（ゲームをするのに）あまり動かない。高機能端末への買い替え需要が起きるのではないか」と述べ、期待をにじませた。

自治体にも観光客誘致に活用しようとの動きが出ている。ポケモンはどこにでも出現する設定のため、鳥取県は「広大な砂丘では歩きスマホによるトラブルなどの心配がなく楽しめる」（平井伸治知事）として、鳥取砂丘をポケモンGOが自由に遊べる「解放区」だと宣言。一方でポケストップなどはゲームを開発した米ナイアンティックが各地の名所・旧跡から選んで設定しているため、同社には自治体や企業から登録要請が相次いでいるという。同社の日本代理店担当者は「要請については前向きに検討したい」と話しており、今後はゲームと地方の連携も進みそうだ。

第一生命経済研究所の永浜利広首席エコノミストはポケモノミクスについて、「今後、マクドナルドのようにゲームと提携する企業や、連携して観光誘致しようとする自治体がさらに増えれば、経済効果はより大きくなるだろう」と話している。

㊤街中でポケモンGOをプレーする人たち＝東京都渋谷区で22日、森田剛史撮影㊦ビックカメラグループの店舗では、ポケモンGO利用者を対象にした充電器などの特設コーナーが設けられ、連日多くの人でにぎわっている＝東京都千代田区のソフマップ秋葉原本館で28日、同社提供

Key Word

ポケモンGO

アニメやゲームシリーズ「ポケットモンスター」に登場する架空の生き物「ポケモン」をスマートフォンの画面上で捕まえるゲーム。全地球測位システム（GPS）を活用し、利用者がいる周辺の地図をゲームの舞台として画面に表示し、地図を手がかりに現実の街を歩きながらポケモンを探し、捕まえたポケモンを他の利用者のポケモンと対戦させるなどして遊ぶ。ゲーム自体は無料だが、ゲームを有利に進めるための「アイテム」は有料。

米ゲーム開発会社ナイアンティックが開発し、任天堂とキャラクター管理会社ポケモンが協力。将来的には200カ国・地域での配信を目指している。海外では原発施設に入り込むなどトラブルが相次ぎ、日本でも22～27日の配信で車などを運転しながらゲームをしていたとして406件が摘発された。

「毎日新聞」2016年7月29日朝刊・7面

にしろ、要約を書くにせよ、必ずコメントをつけることが大事です。どんなコメントかというと、自分の意見やアイデア、ものの見方などです。

自分がテレビのコメンテーターになったつもりで、自分の考えをはっきり言うコメントをつけていきましょう。

日頃からそういう訓練をしておくと、「あなたはこの問題についてどう考えますか?」と聞かれたとき、すぐに答えられるはずです。なぜって、すでにその答えがスクラップブックに書かれているわけですからね。

このスクラップブックをそのまま英訳すれば、外国の人にも通じるので、世界に出ても堂々と自分の意見が言えます。

みなさんもだまされたと思って、新聞を2週間、毎日読み、スクラップブックをつくってください。学生時代のどこかで2週間集中してスクラップづくりをやりますと、それをやった人とやらない人とでは新聞への親しみ方がまったく違ってきます。

私は何年もこの授業を大学生にやっていますが、スクラップブックをつくって損をしたという人は一人もいません。「2週間強制的にやらされたけれど、すごくよかった」

「新聞を読んで社会に対する意識が高まった」「新聞にはいろいろな要素が入っていて、自分の関心の範囲が広がった」などという肯定的な意見がたくさん集まっています。

スクラップブックを延々と続ける必要はありませんが、少なくとも2週間は続けて、集中的に新聞になじんでみてください。

卓球をやったことがない人でも、2週間ぐらい卓球合宿に行けば、ラリーが続くようになって、その後も何かの機会に「卓球をやってみて」と言われれば、他の人よりずっとうまく球が打てるようになるでしょう。

新聞も同じで、2週間、集中してなじんでおけば、その後もストレスなく接することができるようになります。不思議なもので、一度なじんでしまうと、何かの拍子にパラパラっと新聞を広げて見たくなるのです。

大切なのは、ただ漠然と2週間新聞を読むのではなく、自分で記事を選んで、切り抜いて、スクラップブックに貼り、図化するという作業です。

切り抜くというのは積極的な行為です。ここでは自分を関わらせますから、この記事を選んだというセレクトの意識が働くわけです。しかも手を使って切り抜くので、かなり印象にも残ります。

みなさんもやってみればわかりますが、自分が切り抜いた記事は、「マイ記事」みたいになって、愛着がわくんですね。その記事を切り抜いてスクラップブックに貼り付けた記憶はずっと忘れません。

新聞記事のほとんどは掲載された日時や新聞名を忘れてしまうのですが、自分で切り抜いて貼り付けた記事に関してはしっかりと自分のものになっています。

さらにそれを図化して、要約し、意見までつけ加えるのですから、新聞記事を完全に消化した自信がつきます。

そうやって新聞記事になじんだ経験はあとあとまで、新聞に対する肯定的な気持ちや自信となって残ります。それが受験や就職活動のときにも役立つのです。

新聞になじんだことがない人が、就職活動であわてて新聞を読んでも、うまく要点がつかめないでしょう。そのときにあわててやったのでは遅いのです。

でも2週間、新聞記事のスクラップをつくったことがあれば、新聞にスムーズになじめるでしょう。たった2週間のスクラップ体験がみなさんの生涯の財産になるのです。

8　コラムを書き写すと、論文・レポートに役立つ

コラムはひじょうに短いので、読みやすいと思います。しかも内容がかなり濃いものが多く、無駄がないので、文章を書く参考になります。というのもコラムは各新聞社にいる名文家といわれる人が書いたり、それぞれの専門家がそのときどきに起きていることに対して凝縮して書いてくれているからです。

私も新聞のコラムを書くことがありますが、短かい文章にまとめるだけで、かなりエネルギーを使います。読むほうとしてはひじょうにコストパフォーマンスがいいのがコラムというわけです。

朝日新聞には「天声人語」というコラムがあります。ふつうコラムの執筆者は社内の人間の場合は、あまり表に出てこないのですが、深代惇郎《ふかしろじゅんろう》という人が書いた「天声人語」は内容があまりに素晴らしかったので、『深代惇郎の天声人語』という本まで出ているぐらいです。

また、私の知り合いには、「産経抄」というコラムを読むためだけに産経新聞を購読

している人がいるほどです。そのコラムを読むだけで、世の中のことがけっこうわかるそうです。

コラムとはそれくらい中身が濃いものなので、これを活用しない手はありません。

私は中学生や高校生の頃、受験勉強の一環として、新聞のコラムを書き写し、これを題材にして作文を書いていました。

コラムを書き写すと、「この事件はこういうふうに解釈できるのか」とか「この出来事はこんなことにつながっているのか」など物事を考える訓練になるので、論文やレポートを書くときに役立ちます。何も材料がない状態でものを考えるより、コラムを使ったほうが格段にやりやすいのです。

しかも大学入試には新聞のコラムから出題されることもよくあります。日頃から新聞のコラムを読んでおけば、コラムの文章になじんでいるので、問題に取り組みやすいでしょう。小論文の試験でもコラムを題材にしたものがけっこうあります。

最初はものまねでいいので、コラムを書き写したり、コラムの起承転結を応用して小論文をつくってみましょう。

新聞に取り上げられているような社会的な事柄をからめながら、うまく自分に引きつけて話すと、小論文に説得力が生まれます。

【コラム1◎新聞記事を使用した小論文入試問題】

問　次の文章を読んで、後の設問に答えなさい。

高齢者らが日々の買い物に困る「買い物難民」の問題が、各地で深刻化している。

高台に5階建ての集合住宅が30棟立ち並ぶ横浜市栄区公田町団地。ここでは週1回「青空市」が開かれ、野菜や魚などの生鮮食料品や日用品を、住民で作るＮＰＯ法人が販売する。

団地内のスーパーは14年前に撤退し、その後に入ったコンビニエンスストアも２００７

年に閉店。近くのスーパーまでは急坂を上り下りする必要があり、高齢者の足で20〜30分かかる。団地住民の約3割は65歳以上で、「買い物が不便」との声が上がっていた。

このため、2008年に住民たちで青空市を始めた。高齢者らの見守りと生活支援目的に厚生労働省が始めた補助事業の対象となり、今春にはコンビニ跡地に日用品などを販売する常設の売り場も作った。常連客の女性（80）は、バスで約15分のJR大船駅近くまで買い物に行っていたが、「膝が痛いのでつらく、団地内で買い物が出来るのはありがたい」と話す。「自分の目で確かめて買えるのはうれしい」と別の女性（68）も喜ぶ。

経産省の統計によると、全国の小売り店などの数は、2007年は114万店で、最も多かった1982年より3割以上減った。このうち個人商店などは2007年で約57万店と、半数以下に激減。地域の人口減や高齢化で経営が厳しくなったほか、大型店が進出し、商店街などが衰退した影響も大きい。その大型店も、最近は撤退が相次いでいる。

こうした状況の中、車などの移動手段が無く、家族の支援も得られない一人暮らしの高齢者を中心にした買い物難民が急増。地方中核都市や大都市近郊でも深刻化している。内閣府が2005年に60歳以上3000人に聞いた調査では、「地域の不便な点」に「日常の買い物」を挙げた人は16・6％と2001年より5ポイント増え、「通院」などを上回った。（「読売新聞」2010年5月9日付朝刊　一部抜粋）

問い　この文章を読んで、「買い物難民」についてのあなたの考えを400字以内で述べなさい。

〈京都府立医科大学看護学科平成23年度入試〉

9 「質問力ノート」をつくって、記事につっこみをいれよう

新聞は読みっぱなしでも読まないよりずっといいのですが、記事を読んで何らかの疑問を持ったときは、その問いを記録しておくと、より深い読み方ができます。

私は新聞を初めて読む学生たちには「質問力ノート」をつくってもらいます。大学ノートを1冊用意してもらって、自分が疑問を持った記事を切り抜いて、左側のページに貼っていくのです。そして右側のページには自分の疑問点や質問を書いておきます。やり方はスクラップブックをつくるのと同じです。

このノートの目的は「質問力」を鍛えることですから、記事につっこみをいれながら、どんな質問を思いつけるか考えながら読みます。そうやって当事者として記事にかかわっていくことが大事です。

質問を考える習慣をつけると、世の中の事件や出来事に対して積極的になっていきます。

前出の新聞記事をボードに張って、いろいろな説明をするテレビ番組では、アナウン

サーがコメンテーターに質問するのですが、そこでどんな質問をするのかで、視聴者の理解や関心も変わってきます。

テレビではとんちんかんな質問ができないので、あらかじめ台本の中で質問が決められています。そうやって的確な質問のやりとりをしながら、理解を深めていける番組構成になっています。

池上彰《あきら》さんの番組でも、池上さんが「いい質問ですねぇ」とよく言っていますね。いい質問が出るということは、話をよく聞いているということです。

漠然と新聞記事を見るのではなく、池上彰さんが目の前にいたら、何を聞こうかという姿勢で、つねに質問を考えながら読んでいくといいでしょう。

「質問力ノート」に質問を書く場合、答えが出ないかもしれない質問でも書いていくことが大事です。そうやって質問力を鍛えていけば、記事をしっかり読み込めるようになります。

そのとき答えがわからなくても、何日か新聞を読んでいれば、それに関連する記事を見つけられるかもしれません。

「なぜシリアでアメリカとロシアが別々のところを攻撃しているんだろう」という疑問が出たとすると、しばらく新聞を読んでいけば、アメリカはシリアのアサド政権を支援しないが、ロシアは支援しているという力関係が見えてきます。「なんだ、そういうことだったのか」ということが3日後くらいの新聞でわかれば、その答えを書き込んでおけばいいでしょう。

問いをどんどんたてていって、理解を深めていくやり方は、実は学校の授業でもよく行われています。先生が生徒たちに新聞記事を見せて、「このグラフから読み取れることは何か」「この国はなぜこういう事態におちいったのか」などと質問して、授業を展開していきます。

授業とはみんなで思考を深めていくものですから、問いがあって初めて考えが深まっていきます。

私は教師をめざす学生たちに「とにかく問いをたてよう。問いが3つたてられたら、授業はしっかり構築できるんだから」と言っています。それくらい、問いをたてる力、「質問力」は大事なんですね。

〈質問力ノートを作ってみよう〉

隕石で絶滅 恐竜以前も

熊本大など 2億1500万年前地層のプランクトン

岐阜県にある2億1500万年前（三畳紀後期）の地層から、海洋のプランクトンが大規模に絶滅していた証拠を発見したと、熊本大学や海洋研究開発機構などの研究チームが発表した。巨大隕石《いんせき》の衝突が原因とみられる。英科学誌サイエンティフィック・リポーツで報告した。

この地層は2億1500万年前、海底にあった。研究チームは2013年、この地層で直径3・3～7・8キロ・メートルの巨大隕石が地球に衝突した痕跡を発見しており、この衝突が環境に与えた影響を調査してきた。

その結果、隕石が衝突した前後で、動物プランクトンである「放散虫」が21種中18種絶滅したことが判明した。食物連鎖を支える植物プランクトンも数万年間減少し、放散虫は数が回復するまで、約30万年かかったことがわかった。

地球に巨大隕石が衝突して生物の環境が大きく変動したのは、恐竜が大量絶滅した6600万年前の白亜紀が知られている。研究チームの尾上哲治・熊本大准教授は「三畳紀に、海だけでなく地球規模で生物が絶滅していた可能性もある。地球全体への影響を調べたい」と話している。

隕石の衝突に詳しい東北大の後藤和久准教授は「白亜紀以外にも隕石による生物の絶滅が起きていたことを示す重要な成果だ」と話している。

「読売新聞」2016年7月25日夕刊・10面

（質問例）

＊2億1500万年前頃の地球とはどんな姿だったのだろう。

＊どんなふうに海底にある巨大隕石の衝突跡を確認したのだろう。

＊隕石の衝突から放散虫絶滅までのプロセスとはどういうものか。

＊放散虫の絶滅はどんなふうに食物連鎖に影響を与えるのだろうか。

＊この発見によって今までの常識のどんな点が覆されるのだろう。

いい質問にはいい答えが返ってきます。専門家にいい質問ができたら、いい答えが返ってきて、とても満足いく時間がすごせるでしょう。

経済評論家の人に漠然と「今の日本の経済はどうなるんでしょう」と質問しても、それなりに答えてくれるでしょう。

でも新聞記事をしっかり踏まえて「リーマン・ショック後、日本ならびに世界の経済は混乱におちいりましたが、最近では雇用状況も改善されつつあります。実際にはどうなんでしょうか」と聞けば、かなり絞られた感じになります。

答えるほうも「リーマン・ショック前ぐらいまで戻りましたが、まだまだですね」と具体的に言えるわけです。

対話ではちょっとした質問の中にその人の知識や知性があらわれます。あらゆることに詳しくなる必要はありませんが、新聞程度の知識を持っていることは大事です。それくらいの知識をベースに質問できれば、大人としての会話もやりやすくなるでしょう。

10　2色ボールペンを使って、事実と解釈を分けてみよう

最近ではメディア・リテラシーが新しい学力のひとつになっている、という話を第1章で述べました。メディア・リテラシーとはメディアから発信される情報をきちんと読み解く力のことでしたね。

そもそもリテラシーとはシンプルに言うと、読み書きできる能力のことです。読み書きができない人は情報が入手できないので、正しい判断ができません。判断ができないと、自分だけ損をしたり、弱者の立場に置かれてしまいます。

これからの世の中はメディア・リテラシーがないと、どんどん置いていかれて、〝情報弱者〟になってしまうのです。メディア・リテラシーの基本は事実と解釈（意見）を分けることです。新聞だとその訓練がしやすいんですね。

新聞ではある出来事や事件について書く場合、事実関係をきちんと押さえるのがルールになっています。その上で意味づけや評価をし、問題点を指摘します。そういう意見や解釈はだいたい記事の最後のほうに書かれています。

戦後防衛政策の大転換

安保法 成立

集団的自衛権を法制化

国民が政治を鍛え直す時

特別編集委員　星　浩

「朝日新聞」2015年9月20日朝刊・1面

日米同盟を深化

安保法成立

装備面 支援拡充へ

変わる安保 上 「一体運用可能になる」

「読売新聞」2015年9月20日朝刊・1面

また見出しには事実関係が書かれる場合と、評価が書かれる場合があります。その出来事に対して否定的な評価をしている新聞であれば、見出しに否定的な見解を盛り込むことがあります。見出しを見ただけで、「こんなことが起きたのか！」と安易に判断してはいけないということです。

たとえば安全保証関連法が成立した翌日、2015年9月20日の新聞を見てみましょう。朝日新聞の1面は「安保法 成立」「戦後防衛政策の大転換」となっていて、国会前で法案に反対する人たちの写真を載せています。

安保法は戦後の日本を変える一大事で、それも何となく悪い方向に変えてしまったというニュアンスが伝わってきますね。

一方読売新聞は1面で「安保法 成立」「日米同盟を深化」とあり、装備面で日米の連携が強化されることをイラスト入りで説明しています。こちらは安保法によって日米の結びつきが強くなった、と肯定的にとらえています。

また毎日新聞の1面は「安保関連法成立」「自衛隊、加害リスクも」として、自衛官がテロリストと対峙《たいじ》するリスクを述べています。安保法で日本が危険にさらされるのだということが強調されています。

経済記事を得意とする日本経済新聞は、1面トップに住宅会社が省エネ住宅を売り出すことを伝えています。そして安保法案については「首相、国連総会で説明」と事実を淡々と伝え、編集委員の「抑止と外交両輪で」と題する論説とあわせて、サブタイトルで伝えています。

このように、同じ安保法案の成立という情報を伝えるのにも、各新聞の立場の違いによって、これだけ見出しが違ってくるんですね。見出しに書いてあることが事実であるとは限りません。そこは気をつけたほうがいいと思います。

新聞に慣れてくれば、記事を読んで「ここまでが事実で、ここからが解釈だ」ということがわかるようになるでしょう。でも最初は区別がつかないと思うので、何日か次のような練習をしてみるといいでしょう。

まず記事を読んで、事実が書かれている部分は青いボールペンで囲ってみます。また「この部分は意見や解釈だな」と思える部分は赤いボールペンで囲います。ボールペンが1本しかないときは、事実と解釈の境目に矢印をつけて、ここから先は解釈である、

「毎日新聞」2015年9月20日朝刊・1面

「日本経済新聞」2015年9月20日朝刊・1面

と示してもいいでしょう。

そうやっていくつかの記事に印をつけていくと、事実と解釈の境目が何となくわかるようになってきます。私は大学では学生にボールペンを使って、赤と青で記事を分ける練習をしてもらっています。

もっとも、どこまでが事実で、どこからが解釈・評価なのか整然と分けられていない記事もあります。ある出来事に対して否定的な立場を取る新聞は、事実の部分でも、ほんのちょっとした言葉づかいに否定的なニュアンスを混ぜてくるものです。

そこに気づかないと、知らず知らずのうちに、否定的な方向で情報が取り込まれないとも限りません。ですから最初はひとつの新聞だけでなく、同じ日の違う新聞を2、3紙読み比べてみたほうがいいでしょう。

そうすると、同じ出来事を伝えるのでも、評価・解釈については正反対というぐらい、伝え方が違うことがわかります。各新聞社には政治的な立場があります。そのあたりを考慮して読まずに、1紙だけを読んでうのみにしていると、バランス感覚を失ってしまうのです。気をつけたほうがいい点ですね。

〈事実と解釈を分けて読んでみよう〉

トランプ氏、反TPP明言

共和党大会「米産業を壊滅」

【クリーブランド=吉野直也】米共和党の大統領候補、不動産王ドナルド・トランプ氏（70）は21日の党大会で指名受諾演説をした。正式な候補として最初の演説で「グローバル主義よりアメリカ主義が我々の信条になる」と述べ、米国の国益を最優先する考えを示した。各国で批准の過程に入った環太平洋経済連携協定（TPP）に反対した。同氏の内向きな政策に産業界や投資家は不安を強めている。

（関連記事3、7面に）

大統領候補受諾　国益を優先

トランプ氏の主張は「米国第一主義」

21日の指名受諾演説

TPP
米製造業を破壊する。米労働者を害する貿易協定には決して署名しない

米軍駐留
同盟国に相応の負担

入国制限
テロに屈服した国からの移民受け入れ即時停止

国境に壁建設
不法移民流入を阻止するため建設する

イラン核合意
最悪の取引の一つとして歴史に残る

減税
個人所得税と連邦法人税を大幅に減税。新たな仕事を米国に戻す

トランプ氏は21日、外交・安全保障や経済政策で米国の利益を最優先する「米国第一主義」を掲げ「米国を再び偉大にする」と訴えた。

内向きの発想は外交・安全保障でも目立った。トランプ氏の看板政策であるメキシコ国境沿いへの壁建設は演説でも触れた。「不法移民や暴力、薬物の流入を防ぐためメキシコとの国境沿いに壁を建設する」とした。

トランプ氏は同盟関係にも不満を示した。北大西洋条約機構（NATO）について「時代遅れだ。テロに対処できず、多くの加盟国の国防費は目標額に達していない。米国が負担している」と語った。日韓などを念頭に「我々が膨大な損失とともに守っている国々には相応の負担を求める」とも警告した。トランプ氏は在日米軍について「日本に駐留費用の全額負担」を求めてきた。

イスラム教徒の入国禁止には言及せずに「テロに屈服した国からの移民の受け入れを即時停止する」と宣言した。破棄するとしていたイラン核合意も「最悪の取引の一つとして歴史に残る」と述べるにとどめた。

経済については「米国を金持ちの国にする」と再生をうたった。焦点のTPPを巡っては、トランプ氏は21日に「署名しない」と明言した。その理由として「米国の製造業を壊滅させるだけでなく、米国を外国の支配下に置く」と説明した。

二大政党制をとる米政

「日本経済新聞」2016年7月23日朝刊・1面部分

囲みは解釈の部分、他は事実の記述。ボールペンが1本しかない場合はこのように印をつけてもよい。

このように情報に事実と解釈の区別がつくようになると、自分が文章を書くときも、ひじょうにメリハリのある論理的なものが書けるようになります。

何となく書いてしまうのではなく、事実関係をしっかり書いて、それについて自分なりの意見や解釈を述べる、というパターンが身にしみついてくるのです。

ディベートをするときも、事実と解釈を分け、信用できる事実に基づいて、自分なりの意見が言えるようになります。

そうすると感情をコントロールできるようになるんですね。日常生活でトラブルが起きても、事実に基づいて冷静に対処できます。たとえばAさんが、あなたの所へBさんとの間のトラブルについて文句を言って来たけれど、それに対するBさんの意見をまだ聞いていないとします。

その場合にはまずBさんにも事情を聞いて、事実関係を確認して、Aさんが怒っている理由やトラブルの原因を整理していけばいい。その上で、「Aさんが怒るのももっともですね」とか「Bさんの言い分にも一理あるので、双方で話し合ってみたらどうでしょう」などと、自分の意見を言えばいいのです。

このように、事実と解釈を見分ける情報選別力はあらゆるところで役に立ちます。新聞でそのトレーニングをすれば、みるみるうちにその力がついてきます。

11 「新聞整理ノート」をつくって、コメント力を鍛える

みなさんは日常生活のいろいろな場面でちょっとした感想を求められたり、コメントを言わなければならないことがあります。そんなとき、何も言えないと場がしらけてしまいますよね。

かといって「よかったです」「楽しかったです」などと誰でも言えるありきたりのコメントを言っても面白くも何ともありません。

人とコミュニケーションをするときに、気が利いたコメントが言えるのと言えないのとでは、その人の印象に決定的な差を与えます。「おっ」と思ってもらえるようなコメントが言える人は、それだけで印象が違ってきます。

最近はモテる異性の条件に、「話が面白い」というのが入ってきているそうですね。何か言われて、即座に面白いコメントや気が利いた返しができる人が求められているようです。

昔は、男は収入や地位さえ安定していれば、話が全然面白くなくても女性にモテたも

のですが、今は「面白い」がモテる必須条件だそうですから、みなさんも頑張ってください。

コメント力を鍛える一番いい材料は新聞です。新聞の記事や意見を読んでおくと、急にコメントを求められてもあわてなくてすみます。

私は以前、朝日新聞出版と組んで、新聞整理ノートをつくったことがあります。そのノートとは71ページのようなものです。

まず新聞記事をひとつ選んできて、「メインメッセージ」「記事の背景（または補足情報）」「影響や意義など」の3つに分解してみるのです。

ノートに大きな楕円を書いて、それぞれ「メインメッセージ」「背景」「影響」を書き出します。そして3つの丸の下に「コメント欄」をつくり、
（1）なぜ、この記事を選んだのか？
（2）どう思ったか？
（3）意見・提案（賛成・反対やアイデア）
を箇条書きするスペースをつくります。

たとえばＴＰＰに好意的な新聞からＴＰＰの記事を持ってきた場合を考えてみましょう。最初の丸「メインメッセージ」は「日本はＴＰＰに参加すべきである」というメッセージになります。これはおもに見出しから類推すればいいでしょう。

２番目の丸「背景」には、アメリカが中国に対抗しようとしているということを書いたとしましょう。３番目の丸「影響や意義」については、日本がＴＰＰに参加すれば、世界に市場が広がると書きます。

そしてコメントの欄には、自分がなぜＴＰＰに興味を持ったのか、この記事を読んでどう思ったのか、賛成か反対か、その理由などを書いていきます。するとそれがそのまま、自分のコメントになっているわけです。

たとえば、「ＴＰＰに反対する産業もあるが、日本は少子高齢化が進んで、国内需要は縮小傾向にあるため、今後は世界市場を広げていくしかない。よってＴＰＰに参加しないデメリットのほうが大きいだろう」という自分の意見にまとめあげていくのです。

こんなふうに、新聞を読むときはつねにこの「メインメッセージ」「背景」「影響」を意識し、自分の感想につなげていくと、コメントがしやすくなります。

〈新聞整理ノート〉

見出しをもとに

メインメッセージ

日本はTPPに参加すべきである

なぜ？どういうこと？

記事の背景

アメリカが中国のAIIBに対抗することを意図

どういう意味か？

影響や意義など

日本が参加すれば世界に市場が拡大

コメント

❶なぜ、この記事を選んだのか？

TPP交渉が進展する中で、改めてどのように考えるべきか、その手がかりとして。

❷どう思ったか

世界の経済の潮流と、日本の位置づけがわかった。

❸意見・提案（賛成・反対やアイデア）

TPPに反対する産業もあるが、日本は少子高齢化が進んで、国内需要は縮小傾向にあるため、今後は世界市場を広げていくしかない。よってTPPに参加しないデメリットのほうが大きいだろう。

すると「マイナンバーが大変だと言われているけれど、どう思う?」と聞かれたとき、新聞を読んでいて、メインメッセージや背景、影響について読み解いていれば、即座に「あの制度が導入されると、副業がやりにくくなるんだって。収入が低い人にとっては、生活がよけいキツくなるかもしれないね」などとコメントが返せるようになります。

最近は会社でも当意即妙にコメントを返せるコミュニケーション能力の高い人が重宝されています。昔は多少無口でも仕事さえできればよかったのですが、今は周りと円滑に人間関係を結ぶことが求められています。

「話がつまらない」「コメントが返せない」「すぐ黙ってしまう」と思われてしまうと、それだけで「仕事ができない人」という評価になりかねません。せっかく能力があってももったいないですね。

話の「面白さ」とコメント力は、密接につながっているのです。コメントが面白くない人には、自分ならではのものの見方がありません。

でも独自のものの見方があると「この人は面白いことを言うな」「この人といると勉強になるな」「この人は自分というものを持っているな」ということになって、高く評価されます。

テレビの番組でも、ニューヨークやパリ、ミュンヘンなど海外でインタビューをすると、みなけっこう自分なりの意見を言います。日本人もいくらか言うようになりましたが、ほとんどの人は、テレビで編集しているにもかかわらず、どうしてあんなに「もやっ」とした感じになってしまうのでしょうか。

角度のあるコメントができるということは、自分なりのものの見方ができるということです。そのためには、新聞を読んで、いろいろな角度の意見を把握しておかなければなりません。

一家に一人、池上彰さんがいてくれればいいのですが、一般の家ではあんなふうに世の中の出来事を解説したり、分析してくれる人はいないのですから、自分で新聞を読んで、専門家の意見やコメントを拾っていかなければならないのです。

そして自分で「おっ、これいいな」と思ったものの見方を自分のものにしていきます。ですから自分の意見といっても100％オリジナルのものではなくて、誰かの受け売りや引用が交じっていてもいいと思います。

私たちがテレビでコメントするときも、ある事柄に対するいろいろなコメントにひと通り目を通します。すると「ああ、なるほどね。そこは全然考えていなかった」ということが出てきます。

そうやってコメントが独善的になってしまうのを防いでいます。バランスがとれていて、なおかつ平凡ではない印象的なコメントをするには、新聞を読み、専門家のコメントに幅広く接しておくことが大切でしょう。

12　4コマ漫画を200字の作文にまとめてみよう

工藤順一さんという方が書いた『国語のできる子どもを育てる』（講談社現代新書）という本があります。この本は大変面白いので、国語が苦手な人や文章がうまくなりたい人にはぜひおすすめします。

本の中に、読売新聞に連載されている4コマ漫画「コボちゃん」を200字の作文にまとめよう、という課題があります。200字にまとめるというこの訓練は要約力をつけるのに、とても効果があるのです。

工藤さんは小学生にこの課題をさせるとき、「コボちゃんは○○と言いました」などという書き方をしてはダメだと指導しています。

「コボちゃん」を読んで、200字で4コマ漫画の状況、ストーリーを客観的に描写し、面白さを伝えるのは、大人でも最初は難しいと思います。

私は工藤さんのやり方を実践している小学校の先生に、子どもたちが書いた要約を見せてもらったことがあります。子どもたちに何度か要約をやらせていると、だんだんうまくなっていくのが、はっきりわかります。

「コボちゃんは〇〇と言いました」という書き方をしてはいけないし、200字という制限もあります。すると子どもであっても、練習していくうちに大人が書くような文体になっていくんですね。

「コボちゃんはトラブルの原因をAだと思い込みました。それに対してコボちゃんのお父さんは原因はBであるとし、Aとするのは勘違いだと批判しました」などとちゃんとした文章を書きます。

このように物事を要約して、短い文章にまとめていくと、文章が実用的な日本語になっていきます。これは新聞の書き方にも通じるところがあります。新聞はあることについて凝縮して書いていますが、読み手には意味が明確に伝わります。そういう意味の明快な文章を書くには、200字トレーニングはひじょうに有効です。

みなさんも実際書いてみるとわかります。200字なんてあっという間に埋まってしまいますよ。「あれ、もう200字になっちゃった」という感じです。

ですから200字にまとめようと思ったら、相当凝縮しなければなりません。今はパソコンがあって、原稿用紙に手書きで書くよりずっと簡単にできるので、ぜひ200字の要約に挑戦してみてください。

パソコンで文章を書くと、400字くらいあっという間に書けてしまいます。これを200字に凝縮させると、なかなか中身の濃い文章になります。

私はまず400字書いてから、200字に詰めるやり方をよくしています。そうすると無駄がなくて、中身が濃い文章ができあがります。

新聞記事もどんどん詰めていって、無駄のない文章にしてあります。これだけのスペースによくぞこれだけの要素を詰め込んだな、と新聞記者の人の苦労がよくわかります。そういう事情がわかるのも、新聞記事を読む面白さになるでしょう。

13　要約ではなく「縮約」してみると、立場の違いが鮮明にわかる

みなさんは「縮約」という言葉を聞いたことがありますか。要約と「縮約」は違います。要約は簡単にいえばあらすじです。

あらすじを説明するためには、本文の言葉をそのまま使うのではなく、ところどころ使うところはあったにせよ、本文を書き換えて短くしてまとめます。

一方縮約とは本文の文章を絶対変えずに、内容をどんどん切っていって、文章を短くしつつ、事柄を明確にすることです。

肉がなくても骨があれば、身体の構造や形はわかりますよね。縮約というのは、肉を削って骨だけ残すような感じです。

社説を縮約して200字にする場合、いらないものをどんどん切っていかなければなりません。

そうすると、本当に必要な情報や絶対に言いたい意見だけが残ります。社説を素材にして縮約のトレーニングをしてみると、とても勉強になります。

私は大学の授業で学生たちに新聞を使った授業づくりを考えてもらっています。沢野君という学生はフォルクスワーゲンの不正事件について、新聞4紙の社説をそれぞれ200字くらいに縮めて比較してみる授業を考えてくれました。

4紙の社説を比べてみると、「フォルクスワーゲンが不正をしたのはいかがなものか」と言っているものもあれば、「日本の自動車産業も、これを機会に気を引き締めるべきだ」と主張しているものもあります。

社説の縮約を比較して並べてみると、思った以上に見解の違いがはっきり出ます。彼はこれを中学や高校での授業向けに実践してみたらどうか、という提案をしてくれましたが、私もひじょうにいいアイデアだと思いました。

ちなみに彼はパソコンを使って社説の縮約をしたそうです。テキストを原稿用紙の形式に落とし込むソフトを使って、いらないところを削っていったそうですが、そういうときはパソコンを使うのも便利だと思います。

参考までに縮約の例を載せてみましょう。

米大統領選は1日、予備選・党員集会が集中する序盤戦最大のヤマ場「スーパーチューズデー」（決戦の火曜日）の開票が東部各州から始まった。代議員獲得数で首位に立つ民主党のヒラリー・クリントン前国務長官（68）は同日投票があった11州と米領サモアのうち7州・地域で勝ち、共和党の不動産王ドナルド・トランプ氏（69）も6州を制した。両氏は他州でも勢いを保っており、指名獲得へ前進した。（「日本経済新聞3月2日夕刊」）

これを縮約するとこうなります。

米大統領選は1日、序盤戦最大のヤマ場「スーパーチューズデー」の開票が始まった。民主党のヒラリー・クリントン前国務長官（68）は7州で勝ち、共和党の不動産王ドナルド・トランプ氏（69）も6州を制した。両氏は指名獲得へ前進した。

14　新聞記事からSMAPでキャッチフレーズ（見出し）をつくってみよう

新聞にはどの記事にも必ず見出しがついています。見出しに注目すると、キャッチフレーズをつくる力が身につきます。

見出しは家の表札みたいなものですから、どんな見出しをつけるかが新聞社の腕の見せどころになります。

アイドルグループのSMAPの解散報道が日本中をかけめぐったとき、毎日新聞は見出しのあちこちにSMAPの歌のタイトルをちりばめました。「青いイナズマ白星発進」「プロ25年目にKANSHAして」「今年もらいおんハート」など、スマップを応援するかのような気の利いた見出しが、話題になったものです。

見出しは記事の中身をしっかり伝えると同時に人の気持ちをぐっと引き寄せ、思わず読みたくなるようなインパクトも必要です。

ただ内容を要約しただけではつまらないので、そこにちょっとした色をつけていきます。たとえば総理大臣の発言の中から印象的な言葉をピックアップし、「首相『現段階では』消費増税　官房長官『税収減ならあり得ぬ』」（日経新聞2月27日朝刊）などとカギカッコをつけて強調すれば、インパクトのある見出しになります。

週刊誌の見出しはこれを極端に強調したもので、中身と多少違っていても、見出しだけで雑誌を買わせてしまうくらい大げさなものをつけています。新聞の場合は、あくまで事実を伝える使命がありますから、中身を正確に伝えつつ、人の気持ちを引きつけるという両方の要素を満たすようなものを工夫しています。

見出しといってもひとつだけでなく、大見出し、中見出し、小見出しというようにいろいろな大きさのものがあります。あるいは縦書き、横書きにしたり、見出しの横にちょっとしたコメントや要旨が書いてあったりすることもあります。

とにかく紙面構成にいろいろと工夫が凝らされているので、新聞のレイアウトに慣れてくると、「自分が文章を書くときも、大見出し、小見出しをつけると、相手に伝わりやすいんだな」ということがわかってきます。

私は授業の一環として、学生にレポートを書いてもらうさい、「人に配るものなんだから、ぱっと目に入るようにしましょう。写真も入れてね」と言います。くり返し言っていると、学生も慣れてきて、上手に写真を入れ込んだり、見出しをつけて、読みやすいレポートにまとめてきます。

私は教師をめざしている学生を教えているので、あるとき「学級通信を書いてきてください」と課題を出したら、まるで新聞のようなつくりの学級通信をつくってくれた学生が何人かいました。日本語のフォーマットでつくってきた人と、英字新聞のフォーマットでつくった人がいて、両方とも面白く仕上がっていました。

みなさんもレポートや就活のエントリーシートを提出するとき、見出しをつけ、写真も入れて、新聞のレイアウトを真似《まね》てつくってみましょう。きっと他の人と差がつけられると思います。

15　自分で新聞をつくってみる

自分で新聞をつくってみると、驚くほどいろいろな能力が鍛えられます。まず第一に文章を書く文章力を鍛えられます。また物事を伝えるときの要約力や伝えたいことをアピールする表現力も磨かれます。

私は小学生のとき、自分で新聞をつくって要約力を鍛えてきました。なぜ新聞をつくることになったのかというと、児童会に立候補して当選してしまったからです。そのときの公約のひとつとして口走ったのが「新聞を出す」だったのです。

先生に「そういえば齋藤君は新聞を出す、と言っていなかったっけ？」と言われて「は？　そうでしたっけ？」とあわてて新聞を出すことになりました。

当時は鉄のペンのようなもので、ガリ版といわれる印刷用の薄紙に文章を書いていくガリ版刷りの時代でしたので、「読書の秋です。本を読むならこれがおすすめ」などと書いて、ガリ版で一枚一枚刷っていきました。

今ふり返ると、私の汚い字でよく出したものだと思います。その新聞は何号か出したのですが、そのとき書いた文章や新聞のレイアウトは今でもはっきり思いだせるくらいです。自分で新聞のように文章を書いてみるのも面白い試みだと思います。

私がいた中学では壁新聞が異様にはやったことがありました。壁新聞を次々とつくって張る友人がいて、その内容がものすごく面白くて評判になりました。

壁新聞やビラはかつては政治的にも重要な役割を果たしていました。ドイツで非暴力の反ナチス運動「白バラ運動」を行ったショル兄妹らはビラを配って、ナチスに処刑されています。それくらい新聞やビラは人々に影響を与えるものなんですね。

石巻日日《ひび》新聞が東日本大震災の時に、壁新聞を作って復興をめざす人々の心を支えたという話もあります。

見出しのつけ方や簡潔な文章、インパクトがある主張などが人々の心に響くのです。今はインターネットやSNSがあるので、新聞ふうに見出しをつけて自分の意見を主張してみるのもいいかもしれませんね。

ただしあまりに偏ったものを書いて、自分の身を危うくするのもよくないので、そのへんはバランス感覚を持ってやるようにしてください。

16　新聞を使い分けると面白さが増してくる

新聞は各社によって特色に差があるだけでなく、朝刊と夕刊、全国紙と地方紙にも違いがあります。また社会面やくらし面、株式欄など紙面によっても記事が異なりますので、そうした違いによって新聞を使い分けると、より面白さが増してくるでしょう。

〔夕刊〕

新聞は朝刊と夕刊に分かれています。朝刊だけ、あるいは夕刊だけという取り方もできます。私が東京で下宿をしながら大学生活を送っていたときは、お金を節約するために、朝刊だけしかとっていない友人もけっこういました。

でも私は朝刊と夕刊の両方を取っていました。私は文化的なことが比較的たくさん書かれている夕刊が楽しみだったのです。

夕刊には音楽や絵、文学、演劇など、文化に紙面をさく余裕があります。また夕刊にはいろいろな文芸評論も載っていて、そういう記事を読むのが楽しみで、私にとって夕刊の存在は欠かせませんでした。

今でも夕刊は文化色が濃いものになっています。朝刊がどちらかというと、政治、経済、世界情勢などを知らせるニュース的な側面が強いとすると、夕刊は文化的・娯楽的な意味あいがあると思います。

今はネットやテレビを見ても時間はつぶせますが、「やることがないし、暇だなあ」というとき、夕刊を読むとほっと一息つけます。一人で外食するときなど、夕刊を持って出るとちょうど食べ終わる頃に、夕刊も読み終えています。帰りに捨ててきてもいいし、手軽な読み物としてちょうどいい分量です。

〔地方紙〕

自分の家で何紙も新聞を取るのは難しいと思いますが、学校の図書館や銀行、喫茶店などには何紙か置いてあるところがあります。そういうところでは自分がふだん読んでいない新聞を読むことをおすすめします。

私は旅先のホテルで「新聞はどれになさいますか?」と聞かれたら、あえて読んだことがない新聞を選ぶことにしています。とくに旅先でおすすめなのは地方紙です。

私は講演で地方に行くことが多いのですが、先日も沖縄に行って、当地の新聞を読んでいたら、びっくりしたことがあります。

あるコーナーの記事を大学生が書いていて、その内容があまりに専門的で高度な上、きちんとまとまっていたので、ひじょうに勉強になったからです。大学生が発信することを新聞社が受け止めるのもとても面白い取り組みだなと、とても感心しました。

また地方紙を読むと、その地方ならではのコアなイベントや活動の話題も書かれていて、「この土地ではこんなことをしているのか」と新たな発見ができるのも地方紙を読む楽しみのひとつです。たとえば、群馬県の上毛新聞はいつも1面が地元ネタです。

〔読者の声欄〕

新聞にはたいてい読者の投稿欄があります。朝日新聞だと「声」というコーナーがそれにあたります。これは新聞社がセレクトしたものですが、自分たちと同じふつうの人が書いている文章なので、読みやすく、親しみやすいと思います。

ひとつの問題について、年齢や性別、職業によって意見がいろいろ違っていて、なかなか面白いものです。こんなふうに多様な意見が許されるのが民主主義というものかな、と漠然と感じてもらえればいいかな、と思います。

読者欄も新聞を読むひとつのきっかけになるのではないでしょうか。「小学生がこんなことを言っているのか」と知ると、けっこう刺激を受けて、「僕ももう中学生なんだから、新聞くらいは読まないとダメかな」と思うかもしれません。

80歳、90歳の人の投書を読むと、戦争のことがわかることもあります。実生活ではふれあえない幅広い年齢層、職業の人たちの意見が読めるので、たいへん面白いと思います。

〔社会面〕

社会面には比較的事件性の高い記事が載っています。たとえば殺人事件や1面の記事の詳しい説明などが載ります。

経済面を読む場合にはある程度の予備知識が必要ですが、社会面は知識がない人が読んでも十分理解できます。そういう敷居の低さが特徴です。今まで新聞を読んだことがなくて、ハードルが高いと思っている人は、社会面から読むといいでしょう。

社会面には殺人事件の記事ばかりではなく、ほかにもいろいろな記事が載っているので、入門編としてはおすすめです。

〔家庭・くらし・教育面〕

新聞社が意外に工夫しているのは、家庭面・暮らし面、教育面です。人生相談や料理、健康、ファッション記事などバラエティに富む記事が載っています。

この面はたいてい新聞の内側のほうのページにあるので、つい見過ごしてしまいがちですが、私たちの生活に近い関心事が載っていて、ちょっと読んでみると、なかなか面白いものがあります。

最近話題のスポットを紹介していたり、旅記事や健康記事もあったりして、娯楽・実用色が強い一方、真面目な事柄も取り上げています。

たとえば読売新聞では教育面に力を入れています。教育関係の記事はどの新聞社でもたいてい文化部が扱うのですが、読売新聞では文化部とは別にわざわざ教育部という新しい部署をつくって、紙面づくりをしているのです。

そして「教育ルネサンス」というコーナーをつくり、文部科学省がすすめる「チーム学校」構想について詳しく伝えています。「チーム学校」構想というのは、公立の小中高校に外部の専門家を登用して、複雑化する課題にひとつのチームとして対応する構想のことです。

このように専門の部署までつくって教育の新しい動きについて丹念に取材し、本格的に教育問題に取り組んでいる新聞社もあるんですね。

新聞社によって、力を入れている分野は異なります。日本経済新聞は1面や中面も経済記事が充実していますが、最終面の文化面はずっと安定して続いています。ここはだいたい美術批評が掲載されています。

私は中高生の頃からずっとこの面を読んできました。私が知る限り、日経新聞の最終面は少なくとも四〇年以上美術批評が掲載されているのではないでしょうか。ですから日経新聞は長らく美術を愛好し、その愛好者を育ててきたといえます。

そういえば日経新聞と関わりが深いテレビ東京は『ワールドビジネスサテライト』や『カンブリア宮殿』『ガイアの夜明け』などの経済番組が多い一方で、『美の巨人たち』のような美術番組もあります。

日経新聞の強みがテレビ局の番組にも反映されているなんて、なかなか興味深いですね。

〔女性面〕

かつてはくらし面や家庭面といわれていた紙面も、今ではだいぶバリエーションが増えています。大手の全国紙にはたいてい独立した女性面があります。

今、一億総活躍社会といわれていますが、女性がどんなライフスタイルで生きるのかは大きな関心事になっています。

女性面には女性が生きる上でライフスタイルのヒントになるようなことがたくさん書かれています。新聞は社会情勢を意識して記事をつくるのが得意ですので、今現在、会社ではどういうパターンの働き方が可能になっているのか、自分は将来どういう仕事に就きたいのか、どんなふうに家族をつくっていきたいのか、女性が自分のライフプランを考えるのに役に立つ紙面でしょう。

女性だけでなく、男性にも役立ちます。男性は将来女性に協力して子育てをしていかなければいけないのですから、女性面を読むことで、女性が置かれた立場や苦労を知ることができます。

今は企業であっても、女性を大切にしないところは成長できません。私は、その年にもっともチームワークを発揮し、実績を残したチームを表彰する「ベストチーム・オブ・ザ・イヤー」の審査委員長になっていますが、この賞を主催しているサイボウズというIT企業も、昔はどんどん人が辞めていくハードな企業でした。

そこでサイボウズの青野慶久社長は自ら進んで育児休暇を取り、女性が働きやすい会社に変えていきました。その結果、サイボウズは社員が定着するようになり、業績をあげていったのです。

企業のこういう社会的な動きは、就職活動が始まる頃にあわてて知ろうとしても、付け焼き刃になってしまいます。ふだんから新聞を読んでいれば「女性にはこんな働き方があるんだな」「今、男女の働き方はこうなっているんだ」ということがわかります。

世の中にはどんな会社があって、具体的にどんな仕事をしているのか。女性面を読めばある程度わかります。ふだんから新聞に親しんでおくのは、就活であわてないためにも必要なことなんですね。

〔広告〕

新聞の下のほうには雑誌や本の広告が出ています。雑誌の広告は目次や見出しまで出ています。これを見ると、今世間で話題になっていることがひと目でわかります。

雑誌の見出しは電車の中の中吊り《なかづ》でも目にすることがありますが、中吊りはひとつの雑誌だけです。でも新聞だとライバル誌の広告が並んでいたり、見出しが一覧できます。新聞の広告を見ると、主だった週刊誌の見出しがわかるので、下世話な関心も含めて、ある程度の情報が得られます。

また本の広告でも、「何万部突破！」「アマゾン1位」などと書いてあるので、「今この本が評判になっているんだ」ということがわかります。すると友人とも「今、あの本ベストセラーになっているんだってね」「そうそう」などと、その本を読んでいなくても十分話題にできます。

新聞の下の広告はけっこう情報量があるので、ざっと目を通しておくといいと思います。

〔株式欄〕

株式欄は株取引をしている人が読むところです。経済用語がたくさんあって、みなさんにはちょっと難しいかもしれませんね。でも株式欄では経済の流れや状況を解説しているところもあります。ときどきこういうところを読んでおくと、経済に対するハードルが低くなって、世の中の動きに関心が持てるようになります。

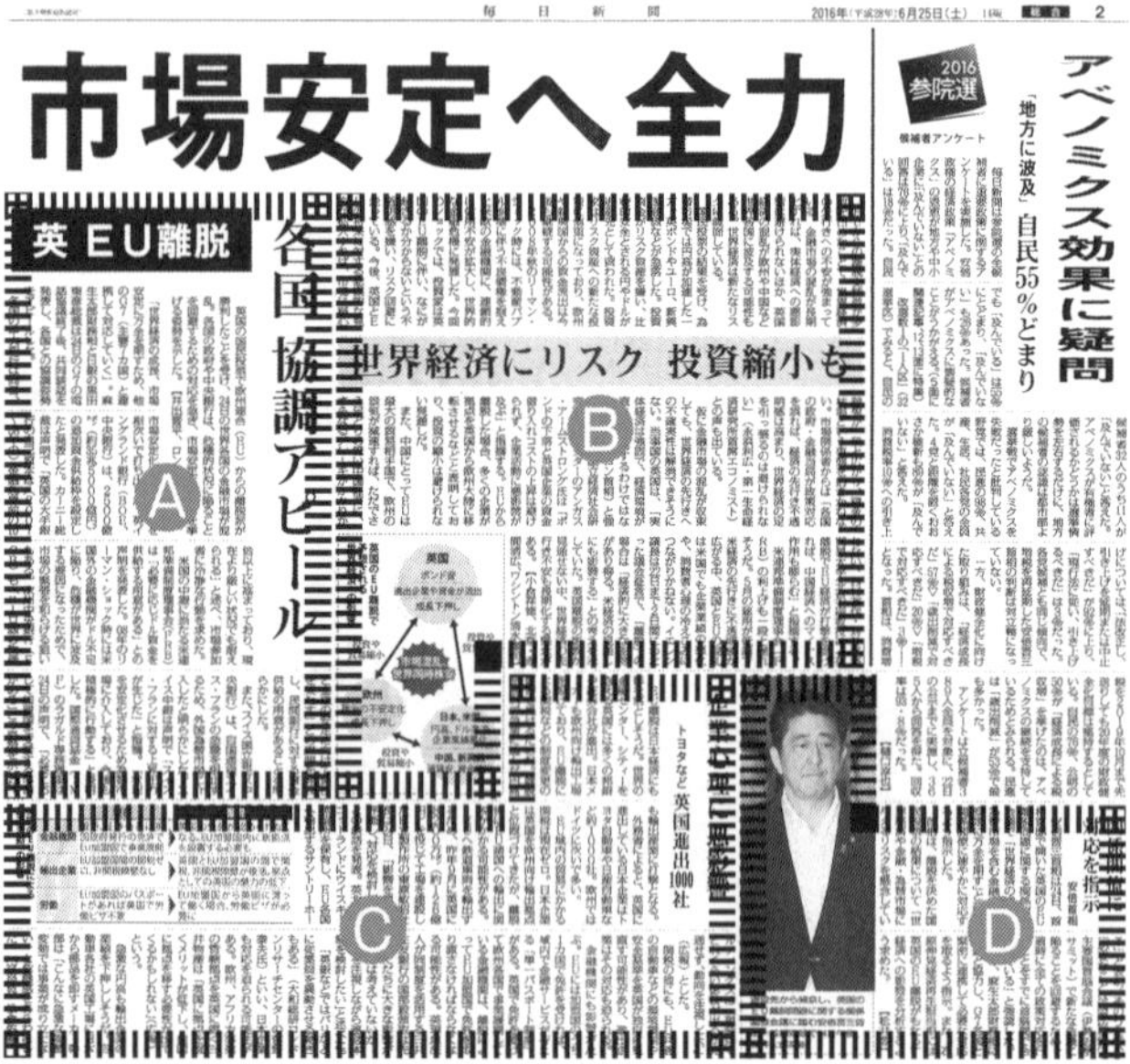
毎日新聞
2016年(平成28年)6月25日(土)
市場安定へ全力
英EU離脱
各国協調アピール
世界経済にリスク 投資縮小も
トヨタなど英国進出1000社
2016参院選
候補者アンケート
アベノミクス効果に疑問
「地方に波及」自民55%どまり
A
B
C
D

Ⓐ EU離脱を受けて、各国政府や中央銀行がどう反応したかを報告
Ⓑ 世界経済（主に金融）にどういった影響が出るか、識者の意見をまとめた
Ⓒ EU域内に拠点を置く個別企業が受ける影響を分析
Ⓓ 日本の官邸内の対応を伝える

〈紙面の構成を見てみよう：「英国の EU 離脱」報道〉

「毎日新聞」2016/6/25 朝刊　２面・３面を例に

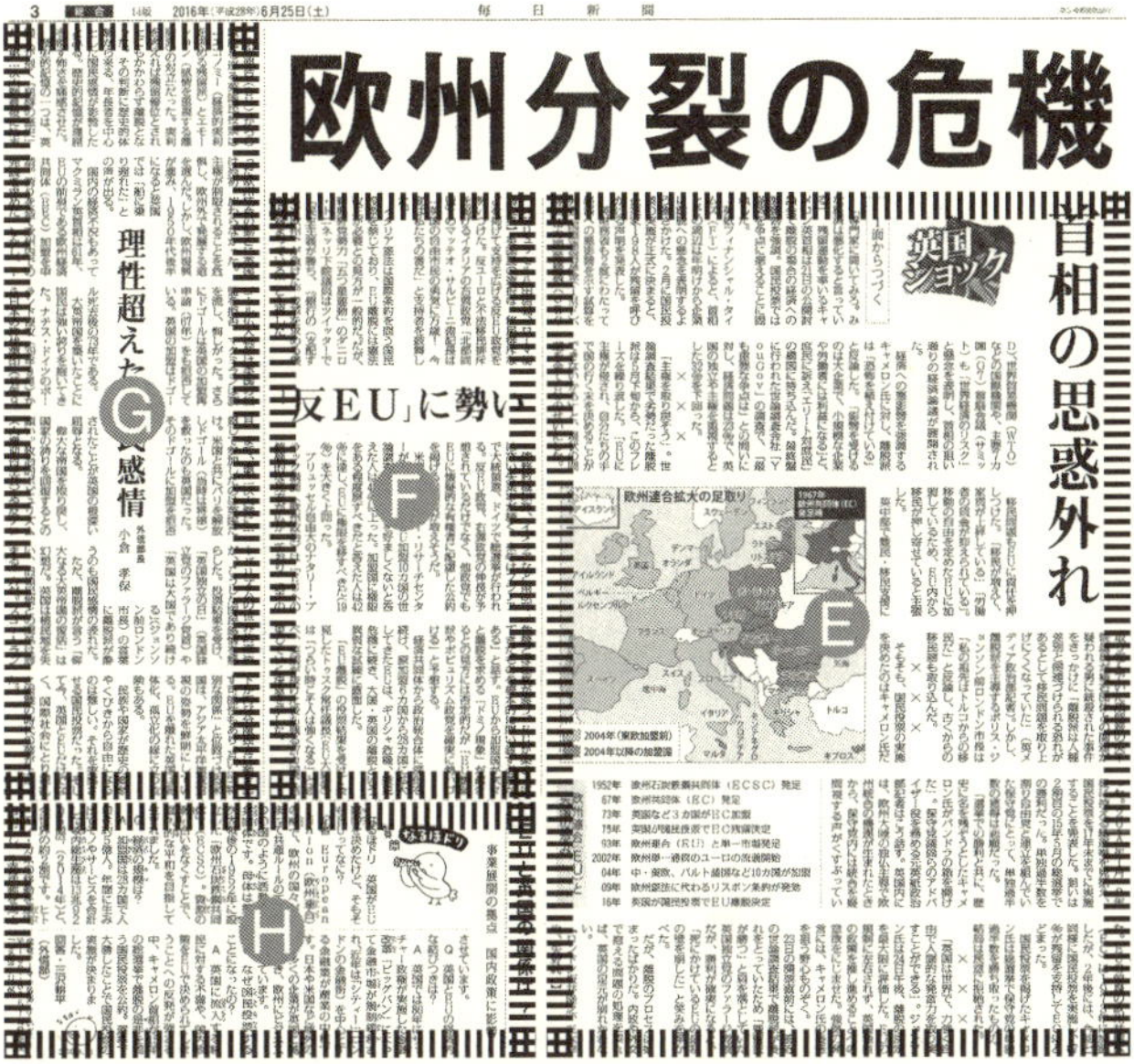

Ⓔ　１面に続き、英国民が EU 離脱を選ぶに至った背景を分析
Ⓕ　今回の英国の離脱が EU 加盟国に与える影響を紹介
Ⓖ　外信部長による解説
Ⓗ　毎日新聞のキャラクター「なるほドリ」が、コンパクトにわかりやすく EU と英国の関係を紹介

見開きの 2、3 面で、前日に起きた「英国の EU 離脱」を様々な観点から取材し、記事にまとめていることがわかる。
なお、「英国の EU 離脱」に関しては、上の 2、3 面のほかに、当紙全体の 1/3 に当たる分量を使って扱い、さらに多角的にこの事態を分析している。

17　お気に入りのコーナーを見つけると、新聞が楽しくなる

新聞には長く続いているコラムやコーナーがあります。そういうコラムやコーナーのファンになるのも、新聞を身近なものにするひとつの方法です。

たとえば日経新聞には「私の履歴書」という有名なコーナーがあります。これは1956年6月3日からスタートしているので、もう60年も続いているコーナーです。登場するのは社会的・経済的に大きな役割を果たした人たちです。私もこのコーナーが好きでよく読みます。この人は何歳のときにこういうことがあって、こんな経験をしているんだとか、こんなすごい苦労をしてきたのかなど、起伏がある人生にふれることで、あらためて自分をふり返って、反省させられることもあります。

あまりメディアに出てこない人が取り上げられていますが、そういう人たちが日本の経済や社会を支えてきたことがわかって、勇気づけられる気もします。かつてはホンダをつくった本田宗一郎さんもここに登場していました。

一人の人生について何日かにわたって掲載されるので、その人の人生に興味がわいて

きます。

新聞の連載小説も読み始めると、手短なのでさっと読めて便利です。しかも続きが知りたくなるため、新聞購読者が増えていきます。夏目漱石《そうせき》はこのやり方を確立した人です。彼は朝日新聞と契約して「三四郎」を連載し、作家として自立していきます。

20年前ほど前、日経新聞で渡辺淳一《じゅんいち》の「失楽園」が連載されたことがあります。不倫関係にある男女の究極の愛を描いた小説ですが、日経新聞を読む経済界の偉い人たちが、毎朝、この小説を読むのを秘かに楽しみにしていたと聞いたことがあります。そんなふうに連載小説を読むのを楽しみにして、新聞を読む習慣をつけるのもいいと思います。

私の友人で日曜日の短歌・俳句のコーナーを楽しみにしている人もいます。選者によって選ぶ句や歌が違うので、自分と感性が合う選者がいると、自分でもつくって応募したくなってしまうそうです。

結局、私の友人も俳句をつくり始め、短歌・俳句欄に採用されることを励みに今も頑張っています。新聞にこのコーナーがあるから、日本には素人の歌人、俳人が大勢いるのかなと思います。

コラムは堅い株式欄にもあります。日経新聞の株式欄には毎週金曜日に「経済教室」というコラムが掲載されています。やさしい経済学と銘打って、大学の先生が経済や政治の政策や状況について説明してくれます。

ときには堅いコラムを読んで勉強してみるのも面白いかもしれませんね。

参考までに各紙のコラムをいくつかあげておきましょう。

「天声人語」「折々のことば」朝日新聞

「編集手帳」「よみうり寸評」読売新聞

「余録」「風知草」毎日新聞

「産経抄」産経新聞

「春秋」「私の履歴書」日本経済新聞

【コラム２◎新聞で読解力をつけよう】

温暖化対策の新しい枠組み

地球温暖化を防ぐため、2020年以降の新しい国際枠組みを作ろうと、COP21がパリで開催され、2015年12月12日、「パリ協定」が採択されて幕を閉じた。

そもそも、COPとは何だろう。正しくは、「国連気候変動枠組み条約締約国会議」。条約を結んだ国を意味する「Conference Of the Parties」の略である。条約は地球温暖化を防ぐため1992年に採択され、COPはその最高意思決定機関だ。約190の国や地域の代表が出席して、1995年以来毎年開かれてきた。

1997年12月に京都市で開かれた第3回目の京都会議（COP3）では、「京都議定書」が採択された。先進国だけに温室効果ガスの削減義務があり、途上国に削減義務がなかったことが最大の特徴だ。第1約束期間（2008年～2012年）は、5年間平均で、1990年と比べて約5％の削減を約束、日本は6％、アメリカ7％、EU8％となった。

達成できない場合には罰則があるなど、先進国には目標を守るために厳しく迫っていたにもかかわらず、急速な経済成長によって二酸化炭素の排出量が多い中国やインドには削減義務がなかった。

また、アメリカは、2001年には議定書を批准しないことを決め、離脱。日本とロシアも、2013年〜2020年の第2約束期間に、京都議定書への参加をやめた。

地球の温暖化を防ぐためには、すべての国の長期的な取り組みと協力が必要である。今回の「パリ協定」では、「全員参加」が目標とされた。2015年11月30日に始まった会議の議論は難航したが、ようやく最終的に、地球上の全196カ国・地域が加わった新たな枠組みが示された。京都議定書から18年ぶりのことである。

パリ協定では、産業革命前からの気温上昇を「2度よりかなり低く抑え」、さらに「1・5度未満に向けて努力する」とした上で、温室効果ガスの排出を今世紀後半に実質ゼロにすることを目指す。

そのために、全ての国に削減目標の作成・報告を義務づけた。さらに、5年ごとに世界全体で進み具合をチェックし、各国の目標を出し直す仕組みをつくった。先進国は、国から排出される温室効果ガスの総量の削減に取り組み、制度が整っていない途上国はできるところから始め、やがて総量で減らすようにする。

国連気候変動に関する政府間パネル（ＩＰＣＣ）の報告などによると、気温が２度を超えて上がるにつれて、種の絶滅や、極地での氷床の崩壊による海面上昇など、取り返しのつかない影響が出るリスクが高まるという。海面上昇の深刻な危機に直面している島国は、「私の国を救えれば、世界が救える」と訴えた。しかし、すでに気温上昇が1度に迫っており、目標の達成のためには厳しい対策が迫られる。

一方、京都議定書が採択された18年前と比べ、世界の状況は変化している。二酸化炭素を排出しない再生可能エネルギーは、世界で新たにつくられる電源の6割以上になった。８００万キロワット以下だった風力発電は、２０１４年に３億７千万キロワットに、ほぼゼロだった太陽光発電も1億８千万キロワットになっている。

日本では京都議定書が採択された１９９７年に合わせて、世界初の量産ハイブリッド車「プリウス」を発売。今では、エコカーは当たり前の世の中になっている。また、従来の電球と比べて消費電力が80％も少ないＬＥＤランプなど、新しい*低炭素技術が次々と開発され、多くの製品が生まれている。

日本は２０３０年までに26％の削減目標を掲げているがハードルは高い。低炭素社会の実現のために何が必要か、考え実行していくことが私たちに求められている。
＊低炭素…二酸化炭素の排出を大幅に削減すること。

〈ことばチェック〉　枠組み／採択／最高意思決定機関／罰則／批准／離脱／難航／実質／ハイブリッド車／LED

「朝日新聞」2015年12月14・15日記事他をもとに構成

●右の記事を読んで後の問いに答えなさい。

1 京都議定書の――「最大の特徴」とは何か、説明しなさい。

2 記事中のグラフから二酸化炭素の排出量が多い上位2カ国を答え、また、日本の排出量を計算し、小数点第2位を四捨五入して答えなさい。

●上位2カ国　1位［　　］　2位［　　］
●日本の二酸化炭素の排出量［　　］億トン

③COP21で採択された協定の名称は何か、また、その内容を説明した、次の二つの文の［　　］にあてはまる言葉を書きなさい。
●COP21で結ばれた協定の名称［　　］

［　　］前からの気温上昇を［　　］よりかなり低く抑え、温室効果ガスの排出を今世紀後半に実質［　　］。また、［　　］に［　　］の作成・報告を義務づけた。

④IPCCの報告などによると、気温が2度を超えて上がるにつれてどのようなリスクが高まるか、二つ書きなさい。

［　　］
［　　］

⑤日本が削減目標を達成するためには、具体的にどのようなことが必要だと思うか、あなたの意見を70字程度で書きなさい。

▼自分たちができる温暖化防止策について、話し合ってみよう。

24字×3行（72字）

（『今解き教室』2016年3月号（朝日新聞社刊）より）

第3章

新聞で身につく力

18　新聞にふれることで「社会力」が身につく

学校はみなさんが社会に出て、自立していくための「社会力」をつけるために存在しています。

「社会力」とは何かというと、自分の身の回りのことがよくわかって、それが常識的な感覚にまでなっていることを意味しています。世の中のことをある程度知っていても、それが感覚にまでなっていなければ、非常識な行動を取ってしまいます。しばしばルール違反をする人がいるのは、「社会力」がないからなんですね。

「社会力」とは社会についてよく知っている、ということが基本になります。その点、新聞には、政治、外交、経済、事件、家庭、健康、環境など社会で起きているありとあらゆることが反映されています。

ですから新聞を読み慣れている人は、社会についてよく知っていて、社会がとても身近に感じられます。中東ではイスラム国（ＩＳ）がテロや攻撃をしかけて、大変なことになっています。新聞を読み慣れていると、そういう事件も身近なことに感じられます。

あるいは、株価が急落したという記事を読めば、「日本の経済は大丈夫だろうか」と心配になる。そういう感覚が「社会力」のもとになります。

しかし「社会力」がない人は、国際的に重大な事件が起きても、自分とは関係ないと思っています。第一そんな事件が起きたことさえ知らないかもしれません。

自分が給料さえもらえれば、経済がどうなろうとかまわない。だから政治・外交問題にもまったく関心がありません。そうやってみんなが社会に対して無関心になれば、判断力のない人たちばかりになって、社会は衰退してしまいます。

無関心でいることは結局、ブーメランのように自分に返ってきて、自分の身を危うくしてしまうんですね。ですから世の中で起きていることを身近な感覚に落とし込んでいくことが大事です。

本を読むと、読んでいるときは盛り上がりますが、しばらくすると忘れてしまいます。身近に落とし込む感覚を鍛えるには、新聞が適しています。スポーツ選手のトレーニングと思ってください。

たとえば卓球の選手は2週間ぐらい休むと、すっかり感覚を失ってしまい、勘を取り戻すのにものすごく時間がかかります。それは新聞に読み慣れるのも同じことで、新聞を毎日読み、社会的な感覚を磨いていくことが大事です。新聞には毎日違ったことが書かれているようですが、実は重なっている部分もあります。

「昨日はこう書いてあったけれど、今日はこうなった」ということがあって、ひとつの事件についてどんどん新しい情報が入ってきます。それを追っていくと、ペンキの塗り重ねのように、社会常識が蓄積されていきます。

おそろしいことに「社会力」があるかどうかは、話していると、すぐにわかってしまいます。何気なく話題がそちらの方向に行ったとき、何も話せないと「いい年をして、こんなことも知らないんだ」と軽く見られてしまいます。

それが一番出てしまうのが就職活動なんですね。大学生でいうと、3年生の後半ぐらいから何となく準備を始め、4年生の前期にはだいたい決まっていきます。

就職活動では面接があって、当然、経済に関する質問もされることがあるでしょう。そういう常識がないと「この人はどういう仕事がしたくて、うちの会社を志望したのか」と思われてしまいます。

あるいは面接では逆に質問を要求されることもあります。面接を受ける学生側が会社の人に質問することです。「面接官に向かって質問してください」と言われて、その業界について何の質問も思いつかなければ、日頃からちゃんと新聞を読んでいないことがばれてしまいます。

転職も同様です。少しでもステップアップしようと思うのであれば、経済や社会に関する会話ができなければ、評価の対象になりません。私は経営者が集まるところに呼ばれてよく講演をするのですが、経営者はとてもニュースが好きです。

何かというとニュースを見たがって、サウナに入っている時でさえ、部屋のテレビがバラエティ番組になると、すぐにニュース番組に切り換えたりします。

彼らはそれを見ながら、「いやあ、これはまずいですね」「大変なことになりましたね」などと世の中で起きていることについて話し合うのが習慣になっているのです。

新聞に載っていることくらいは知っておかないと、恥をかきます。

「社会力」をつけるのは、何も就職のためだけではありません。外側にある世界を広く知ると、心が開かれてきます。

「世界ではこんなことが起きているのだ」と知ると、世界から日本を見たり、日本にいる自分を客観視できるようになり、他人にたいしても寛容になれます。でも何も知らず自分だけの狭い世界に閉じこもっていると、思い込みや偏見が強くなり、人に対して排他的になってしまいます。

新聞をめくってみると、自分にはあまり興味が持てない記事もたくさん掲載されているでしょう。でも毎日、新聞を開けば、いやでもいろいろな見出しが目に飛び込んできます。

国内外の政治や経済に興味がなくても、シリア難民が何十万人もヨーロッパに押し寄せていることや、世界のあちこちでテロが起きていること、中国をめぐる経済が不安定になっていることなど、知らず知らずのうちに、頭に入ってくるのです。

すると、狭い世界で自分のことばかり考えてうじうじしている暇はないとか、もっと社会に対して働きかけていかなければいけないといった問題意識が芽生えてきます。

大学生なら1週間も新聞を読めば、かなりの知識が身につくでしょう。全領域に対する問題意識が生じてくると思います。

これはボールの感覚に慣れたり、曲のテンポに慣れるのとちょっと似ています。とにかく新聞を読んで、社会に慣れていくことが大事です。

昭和の時代はみなが新聞を読んでいたので、社会の常識が共有されていました。そういう社会ではこの国をより民主的にしていこうという気運も生まれました。しかしほとんどの人が新聞を読んでいない状況になると、共通の常識が通じなくなってしまいます。そういう社会はひじょうにこわいですね。目先のことしか考えず、友達とSNSでおしゃべりばかりしていると、現実の社会に対する感覚が育ちません。

新聞を読めば、短期間で「社会力」をつけることができるのですから、みなさんはこの国に生きる国民の責任として、「社会力」が身につくよう努力してほしいと思います。

19　記事につっこみを入れれば「質問力」がつく

「ツタヤ図書館」を開設・計画している自治体

佐賀県武雄市	2013年 4月開設

神奈川県海老名市	2015年10月開設

宮城県多賀城市	2016年 3月予定
岡山県高梁市	2016年12月予定
宮崎県延岡市	2017年度予定 読書空間のある公共複合施設
山口県周南市	2018年度予定
愛知県小牧市	2018年度予定

指定管理者が未定の自治体を含む

なぜ

全国で開設や計画が相次ぐ「ツタヤ図書館」。書店やカフェもあって利用者が増える、と自治体は説明するが、愛知県小牧市では「反対」の住民の方が多かった。なぜなのか。

街活性化？ 市側の皮算用

反対3万2352票、賛成2万4981票。小牧市で計画されている新図書館建設を巡る4日の住民投票の結果、「ツタヤ」を展開するカルチュア・コンビニエンス・クラブ（CCC）と連携する計画は、一時停

「在庫本の押しつけ」「貴重な郷土資料などが蔵書からなくなる」といった批判や不安が出た。今月1日に神奈川県海老名市が開設した「ツタヤ図書館」では、海外の風俗店を案内する不適切な本が見つかった。

住民投票を求める署名活動の中心となった「小牧の図書館を考える会」の渡辺育代共同代表は「民間に運営を任せると、住民にとって必要かを考えずに業者の都合で選書されてしまったり、収容冊数の確保を優先し必要性がない本を購入したりすることにならないか」と心配する。

新聞記事を読むとき、ただ漫然と読み進んでいくのではなく、つっこみを入れていくと、「質問力」がつきます。

私は大学で学生たちに「質問力ノート」をつくらせているという話を第2章で紹介しました。記事はただ読んでいるだけではすぐ忘れてしまいますが、「どうしてこうなったんだろう」「この出来事の背景はなんだろう」などとつっこみを入れながら、質問をつくっていくと「質問力」が鍛えられます。

たとえば朝日新聞の社会面で取り上げられていたツタヤ図書館に関する記事を例にとってみまし

NEWS ニュースQ3

ツタヤ図書館　住民投票で「ノー

CCCを連携事業者に選んだ。老朽化し、蔵書スペース不足が目立つ現在の図書館は建て替える必要がある一方、再開発が進まず活気がない中心市街地に「ツタヤ図書館」を建てれば人が集まり活性化する。そんな「1粒で2度おいしい」をもくろんだ計画だった。建設費は約42億円。延べ床面積を約2・6倍、最大収容冊数を2倍強に増やし、書店やカフェを併設。3年後の開設をめざしていた。

参考にしたのが、佐賀県武雄市が2013年に開設した全国初の「ツタヤ図書館」。CCCが指定管理者として運営している。初年度の訪問者は92万3千人と当初見込みのほぼ倍。武雄市は年間の経済効果を約20億円とはじく。

利益優先？ 選書に不安も

小牧市民はなぜ反対したのか。建設費に対する批判が目立ったが、「民間企業が本を選ぶと利益優先になる」という懸念も多く出た。

武雄市図書館では、CCCと出資関係があった古本業者から中古本を購入していたことが発覚。市民から

書基準に沿って本を購入。業者が基準通りに選んでいるかを定期的にチェックし、現地査察や利用者アンケートもするという。

CCCの高橋聡・図書館カンパニー長は9月30日の会見で「武雄市のときは、ど素人で、時間も予算もない特殊な状況だった」と話し、選書が「利益優先」でないことを強調した。

ニーズは？ 話し合い必要

慶応大の糸賀雅児教授（図書館情報学）は小牧市の住民投票結果について「住民に対する市の情報提供が不十分で、住民側に『CCCに任せると利益を優先しがち』というイメージが広がったのではないか」と指摘する。CCCの手法は、本の販売収入やカフェの収益を図書館運営費に回し、年中無休や長時間開館といった他の公共図書館にはないサービスを提供するのが特徴。糸賀教授は「『ツタヤ図書館』が提供するサービスと住民のニーズが合致するのか、市と住民が時間をかけて話し合うことが必要です」と話す。

（滝沢隆史、千葉卓朗）

「朝日新聞」2015年10月9日朝刊　37面

ょう。これは「ニュースQ3」というコーナーに載っていた記事で、記事そのものが質問を投げかけながら、答えを探っていく形式になっています。

ツタヤ図書館は、佐賀県の武雄市が民間企業カルチュア・コンビニエンス・クラブ（CCC）を指定管理者として第1号図書館を開設したことで大きな注目を集めました。

CCCのノウハウを活用して、図書館の中にカフェを併設したおしゃれな作りや長時間開館などが大人気を呼び、武雄市では初年度の訪問者が何と92万3000人！　年間の経済効果も約20億円と言われているそうです。

このツタヤ図書館を愛知県の小牧市でも開設しようとしたところ、住民投票で反対の声が多いと

いう結果が出たのです。朝日新聞では「ツタヤ図書館　住民投票で『ノー』のなぜ」と題して、なぜツタヤ図書館が否決されたのか、さまざまな意見や疑問をあげています。

みなさんもなぜ小牧市で住民がツタヤ図書館の開設に反対したのか考えてみましょう。民間が運営するおしゃれな図書館ができたら、いいことだらけではないか、と考えるのがふつうです。

でも小牧市の人たちは反対しました。「なぜなんだ」「なぜ小牧市ではノーだったんだ」とつっこみを入れながら記事を読むのが、「質問力」を鍛えることにつながります。

推測されるのは、民間会社が運営するので、利益優先になってしまうのではないかということです。記事を読み進めていくと、武雄市でも図書館の蔵書の内容に市民から不満が出ていたことがわかります。ＣＣＣと関係する古本業者から中古本を買っていたことが判明したのです。

小牧市でも住民投票を求める署名活動の中心となった団体の代表が「業者の都合で本が選ばれてしまう」と反対の理由を語っています。また小牧市では住民に対する市の説明が不十分だったこともわかりました。

このように記事に「なぜ」「どうして」とつっこみを入れながら、読み進めていくと、記事の背景がわかって、より深く理解できますし、「質問力」も鍛えられて、一石二鳥です。

20　各紙の立場を知れば「バランス力」が生まれる

新聞にも保守と革新というふたつの大きな傾向があります。保守というのは今の体制を維持する立場です。革新は今の政権や政治のあり方を否定して、もっと新しいものに変えていくことをめざしています。

簡単に言うと、今、政治的権力を持っている人たちを応援するのが保守、反対するのが革新です。

戦後まもなくは、左翼的な知識人がひじょうにたくさんいました。みなさんはマルクス主義という言葉を聞いたことがありますか。貧しい人たちが団結して、平等な世界をつくり、経済的な格差をなくしていくという考え方です。

ロシアのように皇帝を処刑し、労働者や農民が革命を起こしたのはマルクス主義のもっとも極端な例ですね。

そうしたマルクス主義的な考え方をする人を「左翼」というのですが、左翼的な知識人や運動家と意見の近い新聞があります。

その一方で日本を守るため、マルクス主義的ではない考え方に基づいて国をつくっていこうという考え方の新聞もあります。「右翼」というと言葉が強くなりますが、そういう立場を取る新聞もあるわけです。

両者には相当な意見の違いがあります。みなさんは各紙の政治的な立場の違いを把握し、バランスを取っていくと、かなり大人に近づけます。

私の大学時代は、左翼的な考えを持つ先生がかなりの数いました。当時は知識人といえば、たいていマルクス主義的な考え方を持っていたものです。大学の友人にも左翼的な人が大勢いました。

そうすると、対話も限定されてしまって、けっこう苦労した記憶があります。私は学生時代、政治的なことで友達としばしば言い合いになって、相当うんざりしたので、今では人と話すとき、よほどの必要がない限り政治的な立場の話はなるべくしないようにしています。

タクシーに乗ると、政治的な主張をぶちまけてくる運転手さんがたまにいますが、そういう場合も私は決して反論しないようにしています。

「ああ、そうなんですね」とあいづちを打ち、その場を切り抜けていきます。そういう場で中途半端に政治的な議論をしても空気が悪くなるだけで、何の得るところもないからです。

同じテーマについて、いくつかの新聞を並行して目を通していくと、それぞれの立場がある程度理解できるようになります。たとえば安保法制にしても、このままいけば日本が戦争に巻き込まれる危険がある、という立場の新聞もあるし、他の国と連携していかなければ日本を守れないという立場の新聞もあります。

各紙の立場がわかると、人と話すときも、相手がどの新聞に近しい立場にいるかによって、政治的な考え方が推測できます。ならば相手が読んでいる新聞を想定して、会話を変えていくこともできます。

新聞を通して、いろいろな立場の人がいることを知り、それぞれの主張や根拠を理解するのはとても大切なことです。世の中に出たとき、政治的な話題で人とけんかをしないためにも、「バランス力」を鍛えておくことは大事です。

議論をするときでも、言い争いをするのではなく、相手の立場を理解した上で、今後のことについて語り合う、そういう「バランス力」が必要なのです。

1960年代、70年代は安保反対の嵐が吹き荒れました。当時は「安保反対」一色でしたが、このとき「日米安保条約は日本を平和にする」と主張する人がもっといてもよかったのではないかと思います。

実際に日米安保条約によって、日本の平和が保たれた側面があったわけですから、あのとき「安保条約によって、日本の平和が保たれることもあるんじゃないか」という意見がもっと出ていたら、バランスが取れていたと思います。

私たちは、歴史的にいつも正しい判断を下せるとは限りません。ですからそのつどバランスを取って、反対の人の意見も聞いていくことが大事だと思います。

保守系と革新系の両方の新聞を並行して読んでいけば、双方の立場を理解できます。そうすれば、立場が違う相手ともちゃんと対話ができます。バランスを取る感覚はどんなときでも役に立つと思います。

21　18歳選挙権の時代は新聞で差をつけよう

２０１６年から選挙ができる年齢が18歳に引き下げられました。高校３年生の途中でみな18歳になりますから、誕生日が来て投票できる人と、誕生日がまだで投票できない人に分かれるわけです。これは今までにない経験です。

私は高校生でも選挙権が持てる、という話を聞いたとき、一瞬不安に思ってしまいました。自分が高校生だったときをふり返ってみて、「あんな馬鹿をやっている男子高校生が投票に行っていいのか」と思ったからです。

高校生にもいろいろな人がいて、政治についてまったく考えたこともない、知ろうともしないという人もいるわけです。そんな人に選挙権を与えていいのか、というのが現場で生徒たちを見ている高校の先生の正直な感想だそうです。

私も毎年４月に大学１年生を教えているので、高校生のことはよく知っているつもりです。彼らはついこの間の３月まで高校生でした。でも不思議と大学生になっただけで少し大人っぽく見えるのは、おそらく大学生になると、周りから少し大人として扱われるからでしょう。

専門学校に進んだ人や社会人になった人も、びっくりするくらい大人になって高校に挨拶に来るそうです。高校の先生たちはその姿を見て、すごく驚くと言っていました。「あなたたちは、なんで高校のときはちゃんとできなかったの？」と言いたくなるとか。きっと高校生のときは甘えがあったんでしょうね。

とはいっても高校を卒業したからといって、急に社会常識が身につくわけではありません。だから高校の先生たちや私のように毎年大学1年生と接している人間は、「選挙権は20歳で十分だろう」と思ってしまいがちです。

しかし一方で、次のような考え方もあります。今政治の世界では若年層の声が反映されにくい現実があります。

選挙権の年齢を18歳に引き下げることによって、早いうちから日本の政治・社会に興味を持ち、なおかつ責任感を持ってもらいたい。そういうねらいもあるのです。

今、日本では高齢者がどんどん増えています。しかも高齢者の投票率のほうが20代の投票率より高いので、高齢者に配慮した政策が重視され、予算の配分はどうしても高齢者対策に傾いてしまいます。

そうすると、少子化対策などが遅れてしまい、ますますこの国は少子化が進んでしまうでしょう。若い世代の投票数を増やしていくためには、年齢引き下げというのもひとつの方法かなと思います。

高校で選挙の仕組みについてきちんと教え、準備をすることによって、選挙に行く心構えができるのかもしれないと思います。

とにかく18歳から選挙権があるというのは、もう決まったことなので、それに向けて高校生たちにもいろいろ教え、準備していかなくてはいけません。

何をするのがいいか、高校の先生たちと話していて、意見が一致したのは「新聞を読ませるのが一番ですね」ということでした。

社会科の授業で教えてもいいのですが、選挙に直結している新鮮な教材はまず新聞です。選挙が近くなると、その関連の記事が多くなるので、新聞を読んでいればいろいろな情報が入ります。やはり新聞で学ぶのがベストでしょう。

投票する場合は、各政党について正確に評価する必要があります。学校ですから、生徒に偏った意見だけを押しつけてはいけません。

もし高校の先生の中に特定の政党を指示する人がいて、授業のそこかしこにその考え方を織りまぜて、指導したらどうなってしまうでしょう。高校生は素直ですから、先生の言うことはそのまま信じてしまうかもしれません。

そういう偏りがあると、選挙の公平さが失われてしまいます。学校ではぜひ偏りがないよう、できるだけ政治的な色付けをしないで授業を行ってほしいと思います。

授業で、いくつかの新聞を提示し、各政党が掲げる政策について事実関係を押さえた上で、「共通しているのはこれなんだけど、各政党をどう評価すればいいかな」と問題提起するのもいいでしょう。

そんなふうに授業では複数の新聞を取り入れ、高校生たちがいろいろな新聞を読めるようにするのがいいと思います。

みなさんの中にはすでに選挙権がある人や、もうすぐ選挙権がもらえる人もいると思います。その重みをぜひ感じてください。選挙権は本来、それ相当の判断力がある人、現実を背負う責任能力がある人に与えられるものです。

小学生に選挙権がないのは、判断力が乏しい上に、彼らには責任が取れないからです。選挙権という権利をもらった以上、権利とセットになっている責任をしっかり自覚してほしいのです。

責任ということでいうと、かつては税金を払っている人だけが投票できる時代もありました。なぜかというと、国は納められた税金によって成り立っているからです。

政治の重要な役割は、国の予算を決めることです。その予算は税金を納めている人たちから集めたものですから、税金を納めている人が選挙権をもって議員を選び、その人たちに選ばれた政治家が予算の割り振りを決めていくのは理にかなっていました。

でも収入が少なくて、税金が納められない人に選挙権がないのはおかしい、ということになって、現在の形になったわけです。

18歳の多くは学生で、勤労の義務を果たしていませんし、それゆえに税金も納めていません。それなのに、選挙権という権利だけは有するというアンバランスはあります。

それを自覚した上で、権利が与えられれば責任が生じることを感じてもらわないと困ります。

いずれにせよ、若い人が積極的に投票に行くことにより、世の中は若い人にとって、もっと生きやすくなるのではないかと思います。

今、日本の金融資産の6割強を60歳以上の人が持っています。その一方で若い人たちはカツカツの生活をしています。これはあまりよくない社会構造です。

高齢者はお金をなるべく使わないようにするので、経済が活性化しません。体の中で血液がつまってしまうように、お金が固まって、世の中に円滑に流れないのです。

でも若い人の収入が増えれば、彼らはお金を使いますから、経済はよくなるでしょう。私は若い人たちにもっとお金が回ったほうがいいと考えています。

若い人たちに予算が配分されれば、いい仕事に就けるし、結婚もできるようになります。さらには子どもを育てやすい環境が整備されて、少子高齢化のいびつな形が是正されるでしょう。

みなさんが責任を持って投票してくれれば、日本は必ず良い方向に変わっていくと思います。

２０１６年７月の参議院議員選挙で、初めて18歳、19歳の人が投票しました。民主主

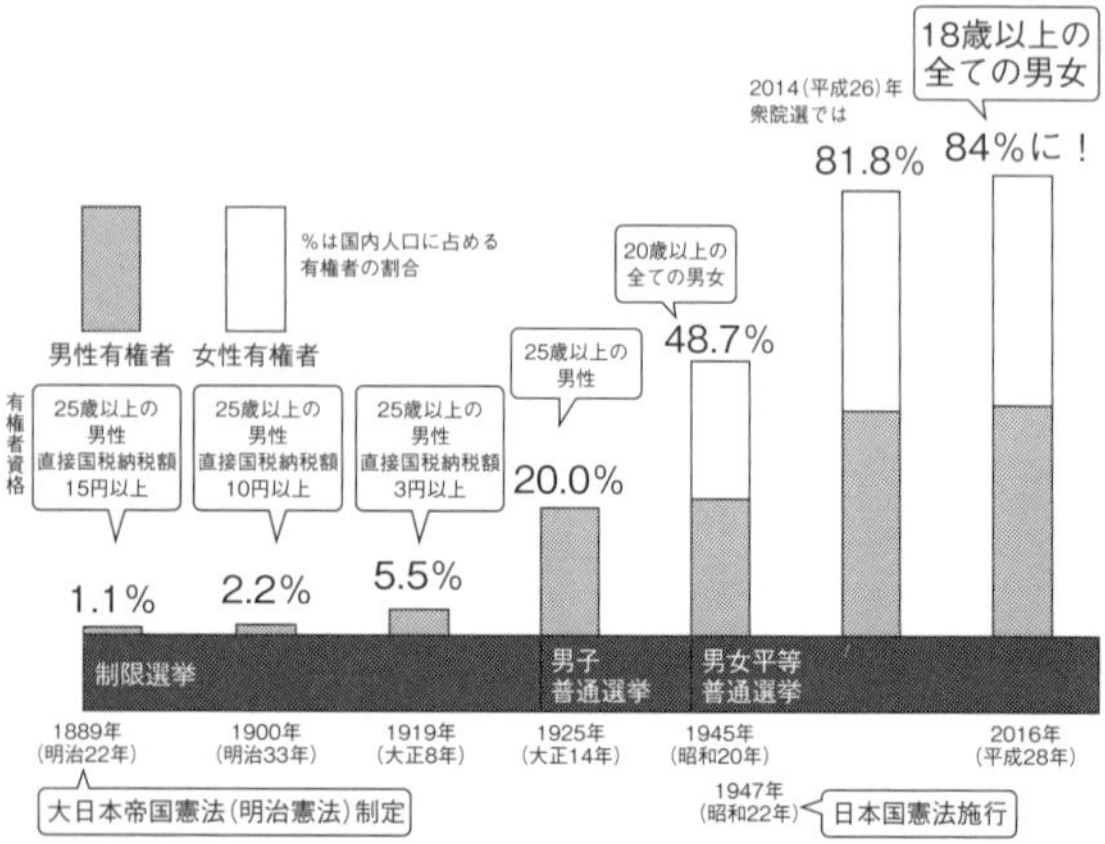

日本の選挙権拡大の歴史と人口に占める有権者の割合

義を支える主権者の自覚が、高校生にも芽生えてきています。18歳への引き下げは良いことであったと今は私も感じています。

権利には責任が伴うことをよく考えて、新聞をちゃんと読みましょう。学校でも18歳からの選挙権について準備を始めるはずですから、遅くとも中学生になったら、新聞を読み始めて、投票で政治家を選ぶ国民としての自覚を持ってほしいと思います。

22　社説を読むことが「思考力」につながる

新聞を読むときは、ぜひ社説にも目を通してほしいと思います。社説を読んでいると、物事をバランスよく判断する「思考力」が身につきます。

そもそも社説とは何かというと、各新聞社の意見を書くところです。ある事柄や事件、国会での議決に対して、社の意見はこうである、と新聞社としての見解を述べるところです。

新聞は事実を報道するだけの機関ではありません。社としての意見を世の中に発表するメディアでもあります。今の世の中で政治的な権力を持っている人や組織を批判し、抑制する機能も担っているわけです。

新聞が事実だけを発表していると、権力者は批判されないことになります。「国会でこういう法律が決まりました」「こうなりました」と事実だけを羅列して、それに対して何も言わないと、権力者のやりたい放題になってしまいます。

事実、権力者や独裁者はしばしばテレビ局や新聞社を自分の支配下に置こうとします。

そうすれば自分を批判する人は誰もいなくなって、独裁がやりやすくなるからです。

独裁国家の報道がまさにこれです。今の権力者を絶賛するところからニュースが始まり、そういう意図のもとに映像も編集されます。そして権力者を批判した新聞社やテレビ局は必ずつぶされてしまいます。つまり完全な情報統制が行われて、全体主義になってしまうわけです。

戦前の日本にもそういう傾向がありました。その反省もあって、メディアは権力を監視、批判する重要な機能を持つようになったのです。

私は小学校の頃、「家から新聞を持ってきて、社説を読みましょう」という授業を受けたことがとても印象に残っています。ふつうの公立の小学校でしたが、よく小学生が社説を読めたなあ、と思います。

私はそれまで新聞は報道をするところだから、意見は書かれていないと思っていました。でも先生から「社説には新聞社として一番言いたいことが書かれています」と言われて、驚いた記憶があります。小学校の先生から、社説は社の意見、オピニオンであると教えられたわけです。

社説を読むと新聞社の立場がはっきりわかります。社によって立場が違うのは、民主主義にとっても大変意味があることです。みんなが同じことを書くようでは、社説の意味がありません。各紙の社説を比較することによって、メディアの立場を読み解く力、すなわちメディア・リテラシーがついてくるのです。

とはいっても、各紙の社説を毎日比較するのは大変なので、大きな事件や出来事があったときだけ、「今日の社説では何と言っているんだろう」と思って読むのでかまいません。

そこに書かれているのが自分の意見と違っていても、いっこうに問題はありません。こういう考え方がある一方で、それとは違う考えもある。これらの意見が全体としてバランスの取れた社会を形成するというのが民主主義の考え方なんですね。

全員がまあまあ同じ考えに行き着くのではなく、いろいろな考えがありながら、全体としてバランスが取れている状態をめざすのです。

これは選挙結果にも反映され、思想的にバランスが取れた状態になります。今の議会制民主主義はまさしくそういう状態をめざしているのです。

その基本となるのが投票する側の判断力や価値観です。A新聞の社説に共感する人もいれば、B新聞の社説に賛同する人もいる。その中で自分自身の価値観や判断力を鍛えていって、自分で考える「思考力」を養っていけるのが、社説を読む効用だと思います。

23　見出しの読み比べで、「見抜く力」が養われる

ひとつひとつの記事には、それを書いた記者がいます。同じ事件をとりあげていても、記者によって強調する部分が違います。その違いが顕著にあらわれるのが見出しです。

読み手は最初に見出しに注目するわけですが、記者やデスク（社内にいて記者が書いた記事を直したり、整理する人）によって強調する点がまったく違います。

現象に注目する人もいれば、原因に注目する人もいる。あるいは肯定的にとらえる人もいれば、否定的にとらえる人もいる。見出しにはデスクや記者の解釈や価値観、考えが如実にあらわれます。

また本文の文章にも、いろいろな強調点や重みづけがあります。本文を読んでいると記者の意図が徐々にわかってきます。読者をこちら側に導きたいという意図が見え隠れするのです。

この記者はどういうところに読み手を導きたいのかということを意識しながら記事を読んでいくと「見抜く力」が養われます。

「見抜く力」はとても大事です。たとえば社会に出たとき、いろいろな勧誘を受けます。自分の意図するほうに相手を引っ張り込もうとして、上手に話す人がいるのです。私がいる大学でも、学生が危ない勧誘に引っかかりそうになったことがあります。「見抜く力」がないと、相手の意図がわからず、話を聞いているうちにどんどん引きずり込まれて抜け出せなくなってしまうのです。

そういう場合、最初に話を聞いた時点で「あれ？　これはおかしいな」と思わなくてはいけません。意図を見抜く力がつけば、簡単にだまされなくなります。「見抜く力」は急にはつかないので、社会に出る前に、新聞を読む習慣をつけてぜひ「見抜く力」を身につけていただきたいと思います。

ちょっと余談になりますが、記者の見出しのつけ方や記事のまとめ方には、あまりに強引なものがあって驚かされることがあります。

私は新聞社からコメントを頼まれることがあります。たいていは私が話したことを記者の人がまとめて原稿にするのですが、中には「こんな話をしたっけ？」とか「見出しがこれ？」というものがあってびっくりすることがあります。

あるとき、読書の大切さについて話をしたことがありました。すると原稿には「ネットでは判断力が鍛えられない」という見出しがついていて、驚いてしまいました。私はそんなふうにはまったく思っていないのです。インターネットにはニュースもあるし、すべての情報が入っているので、判断力は鍛えられるでしょう。

読書の大切さについての原稿だったのに、わざわざネットをこきおろすような文脈を、見出しに持ってくる必要はないのです。

熱心な記者の方だったので、単なる誤解だったのかもしれませんが、順当に考えれば、「読書でこういう力が鍛えられる」とか、もっと読書についてポジティブな見出しをつけるべきです。記者さんと話して修正しました。

かと思えば、こんなこともありました。私は新聞社から電話取材でコメントを求められることがあります。電話ですので、10分くらいで話すのですが、それだけでも文字に起こせば相当な分量になります。

でも新聞に掲載されるときは、ほんの3～4行になっていることも珍しくありません。それはしかたがないとしても、私が言ったことがあまり入っていない上に、言っていないことが加えられて構成されていることもたまにあるのです。

なぜこんなことが起きるのかというと、記者にはそれぞれ書きたい文脈や流れがあります。彼らは自分が言いたいことにうまい具合に乗りそうなコメントを求めています。先にそういう意図がある場合、その意図に基づいて、いろいろな材料を配列していくわけです。

ですから読み手のほうも、書かれた記事の意図を見抜く努力は大切です。大人になるとは、相手の意図を理解することだと思います。新聞を通して、相手の意図を見抜く力を養ってもらいたいと思います。

24　グラフを読み解く力で「総合力」を身につけよう

新聞にはグラフや図表がしばしば登場します。文系の人の中には折れ線グラフや数字を見たとたんに思考が停止してしまう人もいますが、グラフが読み取れるようになると、総合的な力が鍛えられます。

たとえば、日本経済新聞に掲載された大卒者の就職者数をあらわしたグラフ（次ページ）を例に取りましょう。

このグラフは大卒者の就職者数の棒グラフと日経平均（149ページ参照）の折れ線グラフを重ねています。リーマン・ショックのあと、日経平均も就職者数もガクッと下がっていますが、もしここに「リーマン・ショック」と書かれていなければ、なぜここで数値がガクンと落ちたのか考えなければなりません。

グラフを見ていると、日経平均と就職者数が連動していることもわかります。すなわち、経済の状態が就職率に強く反映されることがうかがえるのです。

記事を読むと労働経済学の先生が「企業側は長期的な視点で冷静な採用計画が欠かせ

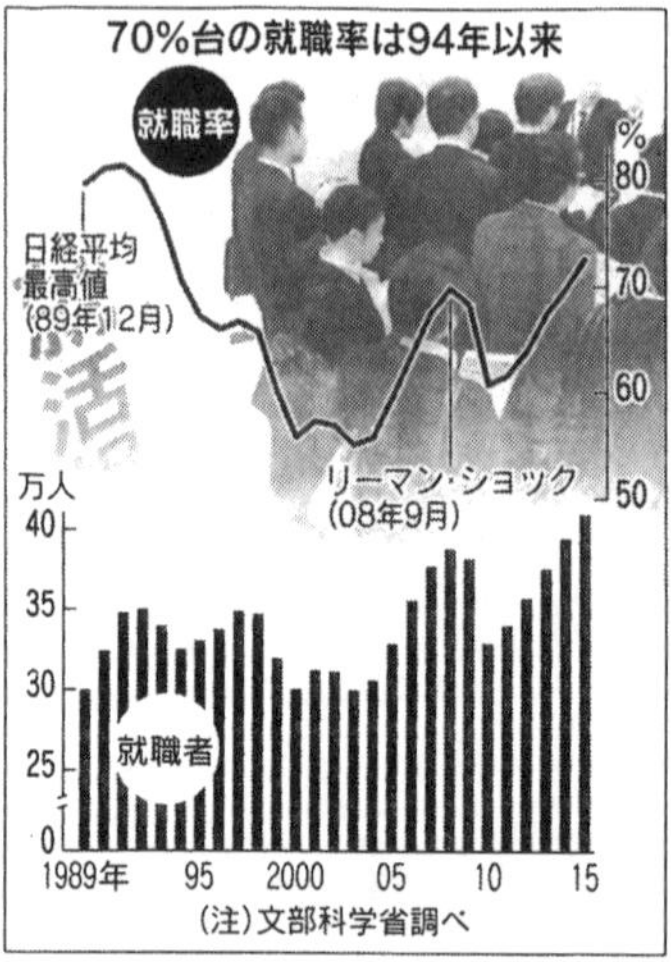

「日本経済新聞」2015年8月7日朝刊記事「就職率、リーマン前超」より

ず、不況時に就職に失敗した20代、30代の若者のフォローにも社会全体で取り組む必要がある」とコメントしています。

就活の時期が不況時に重なり、満足な職に就けなかった若い人たちがたくさんいます。その人たちをどうすればいいのか。彼らは運悪く会社に入り損ねたわけですから、ひじょうに気の毒です。

リーマン・ショックのおかげで、自分の人生が閉ざされてしまった人がたくさんいます。そういうことを考えれば、この先生のコメントの意味もわかりますね。

まずは表や図から意味を読み取り、記事で答え合わせをする。そういう読み方もできます。私が試験問題をつくるなら、グラフの文字を隠して穴埋めにしたり、「グラフのこの部分から読み取れることは何ですか」という設問にするでしょう。

そうすれば、その人の総合的な「考える力」が把握できます。これはたんなる国語の力とも、数学の力ともいえません。社会科の知識もある程度ないといけませんし、やはり「総合力」が必要です。

リーマン・ショックやバブル崩壊がいつ起きたのか知らないようでは、このグラフは読み解けません。中学入試レベルでもこのふたつの出来事は問題に出てきますので、大学入試では当然の知識です。

社会に出たあとも、「あのときの日本は大変でしたね」という話ができるほうがいいでしょう。

このグラフを見ると、日本経済はリーマン・ショックを何とか乗りこえ、回復傾向にあることがわかります。少なくともリーマン・ショック直後よりは、いい状態にあるとは言えそうです。

ほかの経済記事、たとえば「トヨタ最高益」というニュースとこのグラフを並べて考える見方もできます。

新聞でグラフに慣れておくと、統計やグラフを見てもおびえなくてすみますし、数字に強くなります。文学にはあまり数字は出てこないので、名作をいくら読んでも数字には強くなりません。

たとえば最低賃金がいくらなどとは、文学作品には書いてありませんよね。

でも日々、新聞を読んでいると、今の最低賃金がどれくらいか、具体的な数字がわかります。会話の中で「なんか最近、最低賃金も上がったらしいね」と漠然と言うのではなく、「今は時給はほぼ800円だよ」と数字をあげて説明できると、より信頼性が強まります。

数字でデータに基づいて考えることができるのも、新しい学力のひとつです。思い込みを避け、データに基づいて議論するのはディベートの原則です。

新聞はつねにデータを出すのが基本ですから、新聞を読んで数字やデータに強くなっておくといいでしょう。

数字に強くなるには、伝言ゲームをする方法もあります。5つぐらい数字が入った新聞記事を見せて、何が書いてあったか人に伝えていくのです。4、5人ごとのグループにわけて伝言ゲームをしていくと、数字が跡形もなく消えてしまうグループもけっこうあります。

「いや、その数字が大事なんだけど」と思うのですが、前もって「数字に気をつけてね」と言わないで記事を見せると、ちゃんと数字が伝わるグループと、伝わらないグループがあるのです。

いったい誰のところで、数字が消えてしまったのでしょう。

伝言ゲームが苦手な人と一緒に仕事をすると大変なことになります。新聞でグラフに慣れておけば、間違いなく数字には強くなるでしょう。さらにグラフから意味や背景を読み取る力も要求されるので、総合的な力が鍛えられるのです。

25　コラムを読むと「スピーチ力」が磨かれる

新聞にはさまざまなコラムが掲載されています。コラムを継続して読んでいくと、まとまった話のしかたがわかってきます。

みなさんもこれから歓送迎会や自己紹介の場などで1～2分のスピーチをしなければならない場面に遭遇するでしょう。そんなとき、新聞のコラムのように話せたら、評価があがると思います。

私は学生たちにコラムやエッセイの書き方を指導することがありますが、そのとき必ず言っているのは、引用を入れることです。「ゲーテはこう言っています」とか「福澤諭吉の言葉にこんなものがあります」と引用できると、文章に深みが出てきます。

さらに今の時代を生きている〝空気感〟も大事です。「世の中ではこんなことがはやっています」とか「この間、こんなことがありました」など、社会的な事柄にふれることと、そしてこれに自分の経験や意見を加えて、「引用」、「社会的事象」、「自分の経験・意見」の3つを結びつけて、短い文章を書けば、まずまずの文章ができあがります。

スピーチも同様です。引用、社会的事象、自分の経験・意見の三角形を意識して話すと、お得感があって、かつその人らしい印象的なスピーチになります。

新聞のコラムにはこの原則が活かされています。まず今、社会で起きている事柄に引きつけて文章を書いています。そこに自分の意見や引用を織りまぜて文章が構成されています。

古典といわれる名作やプラトン、ハイデッガー、ニーチェなどの哲学書、『聖書』『論語』には時代を超えて普遍的な事柄が書かれているので、そういうものから引用しながら、最近起きた出来事や話題について、自分なりの意見を書いていくのです。

たとえば就職活動が解禁された翌日3月2日の日経新聞朝刊のコラム「春秋」は「川端康成の名作『伊豆《いず》の踊子』の話から始まります。

川端康成の名作「伊豆の踊子」の主人公は20歳である。作品の冒頭に、旧制高校の制帽と紺がすりの着物で旅に出て4日目とあって、もうこれだけで隔世の感を覚える読者が多いかもしれない。ここには戦前のエリート青年の、悠揚たるたたずまいが描かれている。

主人公はやがて帝国大学に進む立場だ。往時の学制は中学5年、高校3年、大学3年。社会に出ると23歳以上になる。同世代の大半は幼くして働いていたから、特別扱いだが、こういうゆとりある青春期が将来に役立つと世間も捉《とら》えていたのだろう。彼らは特権を生かして見聞を広め、さまざまな体験を持ったに違いない。

さて時は流れて、いまの大学生にそうした余裕はどれだけあろう。きのう、経団連加盟企業の採用説明会が解禁になり「シューカツの春」が始まった。リクルートスーツで会場につめかけた若者はまだ21歳くらいだ。大学に入って2年余で就職が気になりだすから、もはや4年制ではなく短大だという自虐をよく耳にする。

このままではキャンパスは衰弱するばかりではないか。大和総研の川村雄介副理事長が先日の本紙で「大学は6年制に」と唱えていた。これなら4年間は勉強に打ち込めるという。戦前の大卒年齢を考えればあながち極論ではあるまい。「踊り子」との恋を成就《じょうじゅ》させるチャンスだって増えると、こちらは言い添えておこう。

（「日本経済新聞」２０１６年３月２日朝刊）

川端康成はノーベル文学賞を受賞した日本が誇る小説家です。彼の代表作『伊豆の踊子』から引用して、20歳の主人公がゆとりある青春時代をすごしながら、さまざまな体験を深めていったことを記しています。

そしてひるがえって、就職活動に追われる今の大学生の状態をあげ、「このままではキャンパスは衰弱するばかりではないか」と問題提起し、「大学は6年制に」という識者の意見を紹介して、今の就活のあり方に一石を投じています。

このようにコラムは短い文章の中に、引用、社会的な事象、自分の経験や意見が簡潔にちりばめられているので、スピーチの中身を考えるとき参考になります。

コラムの文体に慣れておけば、読んでいるうちに、短い文章のまとめ方が身についてきて、ちょっとした挨拶や自己紹介でも気が利いたことが話せるようになるでしょう。スピーチ原稿をつくるときもコラムは役立つと思います。

26　キーワード解説で「用語力」が増してくる

みなさんは難しい用語につまずいて、読むのがいやになってしまったことがありませんか。新聞にはキーワード解説が載っています。難しい専門用語についてはキーワード解説を読めば「用語力」が鍛えられます。

ある領域の知識を得るには、専門用語を理解するのが一番の早道です。

今の新聞は大変親切なので、わざわざキーワードを説明してくれます。キーワード解説を読んでそのつど意味を把握していくと、知らず知らずのうちに「用語力」が身につくようになっています。便利ですね。

ノーベル賞関連の記事であれば、科学的な用語についての知識が身につきます。戦後を概観するような記事には「親方日の丸」「護送船団方式」「五五年体制」などといった言葉が出てきます。これらの言葉についての解説を読めば、おのずと「用語力」がつくわけです。

自分の苦手な領域について書かれた本を読むのは大変なので、キーワード・用語解説のところだけでも読んでみましょう。すると一般常識が身につきますし、その先にある専門用語の世界にも慣れてきます。

経済についてまったくわからないと、経済活動にまったく参加していない感じがしますよね。中国経済の減速についてとか、アベノミクスにまつわるいろいろな事柄についていちおう理解しておくと、ほかのことも理解しやすくなります。

そういう用語に慣れておけば、テレビのニュースも頭に入ってきやすいと思います。

私はテレビの生放送で新聞の解説をしたり、ニュースを伝えていましたが、ある一定期間、ひとつの事件や問題を扱うと、軌道にのって、それ以降はアレンジでやっていけるんですね。中東問題にもひと通りのワードがあって、それらに慣れておくと、今の情勢が理解しやすくなります。

とにかく言葉や専門用語に慣れるのが一番の近道なので、用語を解説しているコラムを意識的に読むようにしましょう。それによって「用語力」を身につけることも大切です。

【コラム3◎新聞によく出る用語一覧】

・アベノミクス――安倍晋三《しんぞう》首相が提唱した経済政策のこと。「大胆な金融政策」「機動的な財政政策」「民間投資を喚起する成長戦略」の「3本の矢」とよばれる政策からなり、長く続いた日本のデフレ（ものの値段や賃金が下がること）からの脱却をめざしています。

・TPP――Trans-Pacific strategic Economic Partnership の略。環太平洋パートナーシップ協定や環太平洋戦略的経済連携協定などと訳されています。日本、アメリカを中心とする太平洋を囲む地域で関税をなくし、貿易の自由化をめざすための経済的な枠組みのことです。関税が撤廃されることで、輸出がしやすくなりますが、海外からは安い輸入品が入ってきて、国内の産業（日本の場合はとくに農業）を圧迫するという反対の声もあがっています。なおTPPに中国は参加していません。

・マイナンバー――住所や氏名、生年月日などの個人情報を12桁の番号であらわしたもの。

国内に住民票がある全国民に対して発行されます。個人情報と税金や預金などお金の流れを結びつけるためにつくられた制度ですが、プライバシーや基本的人権の侵害、情報漏れによるリスクなどが指摘されています。

・**日経平均**――株を売買する市場でもっとも大きい東京証券取引所（東証）に上場（株の売買ができること）している東証一部上場企業（東証の中でもとくに厳しい基準をクリアした企業のこと）の中から225社の株を選び、株価の平均値を出したものを日経平均と呼びます。日経平均の数字は日本の景気を判断する上で重要な指標になります。

・**一票の格差**――選挙区によって少数票でも当選できる地域と、多数の票を取らなければ当選できないところができて、一票の重さに差ができることをいいます。人が集中する都市部では一票が軽くなり、地方では重くなる傾向があります。これを是正するために、当選できる議員数を減らす試みが行われています。

・**コンプライアンス**――もともとの意味は「従うこと」ですが、企業活動で使われるときは、法律や社会的なルール、倫理観にのっとって業務を行うことをいいます。「法令遵守」という言い方もします。企業がコンプライアンスに反した行動を取ると企業イメージが著しく損なわれるので、各企業とも社員に対して「法令遵守」を徹底するよう努力しています。

・**日米地位協定**——正式名称「日本国とアメリカ合衆国との間の相互協力及び安全保障条約第6条に基づく施設及び区域並びに日本国における合衆国軍隊の地位に関する協定」。日米安全保障条約に基づいて、在日米軍の権限などを定める。米軍基地内での管理権(第3条)や基地の外での刑事裁判権(第17条)を認め、米兵らの犯罪について日米両国の裁判権が競合する場合の第1次裁判権は公務執行中の場合は米軍が、その他では日本側が持つこと(同)——などを規定。運用などについては、日米両政府でつくる日米合同委員会で協議する。沖縄では米軍関係者による事件が続いたため、昨今、日米関係の改善から、地位協定の運用の見直しが図られている。

・**OECD**——Organization for Economic Co-operation and Development の略。経済協力開発機構と訳されます。先進34カ国が加盟し、加盟国間の経済成長や貿易の拡大、途上国支援を目的として国際協力を行っています。

・**パレスチナ問題**——東地中海のパレスチナ地域におけるユダヤ人国家イスラエルと、アラブ系パレスチナ人およびアラブ諸国の対立を軸とした国際紛争。1948年イスラエル建国時のパレスチナ戦争（第一次中東戦争）から、四次にわたる中東戦争が続いた。1991年の湾岸戦争以降、和平の機運も高まったが、人権的、宗教的問題が複雑にからみあい、今なお対立は続いている

・**パンデミック**——感染力のある病気が爆発的に広がることをいいます。最近では新型インフルエンザやエボラ出血熱のパンデミックが警戒されています。

27 意味がくっきりして簡潔な記事から「文章力」を盗め！

新聞記事の良さは、意味がくっきりして簡潔な日本語である、という点です。短くて意味がはっきり伝わる文章は実用的な日本語です。それとは逆に、何を言っているのかよくわからないものは実用性が低い。だらだら書いてあるのもダメです。

実用日本語の中で、もっとも実用的な整え方をしているメディアが新聞ではないかと私は思います。

なぜ新聞なのかというと、まず新聞は紙面が限られています。記者の人たちはみな限られた字数の中に簡潔に要点を盛り込まなければいけません。しかも新聞の文字は年々大きくなっているのです。

昔の新聞と今の新聞を比べてみると、「えっ、こんなに違うの？」と驚くぐらい、字の大きさが違います。昔の人はよくこんな小さな字を読んでいたな、と思います。

文字が大きくなれば、当然字数が少なくなります。それでもなお、記者は自分が伝えたいことを文にしなければなりません。大変な仕事ですね。その中で鍛えられた日本語が新聞の記事、というわけです。

新聞記事は、できるだけコンパクトに事実関係を落とさず、簡潔な文章にするためにはどう書けばいいのか、そのお手本となっているので、新聞を読んで「文章力」をつけておくと、社会人になってから苦労しません。

というのも、会社に入ると、仕事のことでメールを打つ機会がとても多くなるからです。インターネットが普及するまでは電話やファックスでやりとりしていたので、ビジネスメールを書く機会はほとんどありませんでした。

ところが今のビジネスのほとんどはメールで成り立っています。直接会ったり、電話で話すより、メールでやり取りするほうが圧倒的に多くなっています。ビジネスメールの書き方で仕事の出来不出来が左右されてしまうことにもなりかねないのです。

ビジネスメールは友達とのＬＩＮＥやメールと違って、情報を漏れなく、しかも簡潔に伝えなければなりません。新聞の記事はこのビジネスメールの条件をすべてかなえる見本になります。

たとえばサッカーの試合についての新聞記事なら、「〇〇でサッカーの試合があり、結果は○対○でした。次の試合は○月○日○時に○○スタジアムで行われます」というように、日時・場所について必ず書いてあります。

それがないと、読者には次の試合の日時や場所が把握できません。すると「この記者は間が抜けているな」と思われてしまうのです。これからやるべきこと、必要事項、日時、場所、予定などがしっかり書かれているのが新聞です。

記事には、本文の前にリードと呼ばれる要約部分があります。ここだけ読めば記事の内容がある程度わかります。リードに本文が続き、本文のところどころに見出しが入って、全体が読みやすくなっています。

自分が文章を書くときも、新聞を手本にし、タイトルや見出しをつけたり、一番言いたいことを端的にまとめて、本文の前につけてみましょう。

ビジネスメールだと、「詳細については別紙をご覧ください」として、細かい内容や画像は添付ファイルにすることもあります。こういう書き方ができると、受け取るほうに必要な情報が簡潔に伝わります。

しかしビジネスメールなのに、そういう情報や条件がきちんと書かれていないものもあります。期限がいつなのか、どんな準備が必要なのか、何を求められているのかわからない。

必要なことが書かれていないのに「よろしくご検討ください」と言われても困りますよね。検討するためには、条件や事実関係が必要なわけですから、そういうものは落とさず書かなければいけません。

これからのビジネスメールは新聞記事のような書き方をするといいでしょう。

私の友人には一流企業で働いている人が多いのですが、彼らは一日に100通くらいのメールを処理します。そんなにたくさんのメールを見ているのに、返事をするのがすごく早くて、飲み会の誘いのメールを打っても、即座に返事が送られてきて、びっくりします。頭がいい人、仕事ができる人の文章には用件がもれなく入っています。短い文章の中に用件がすべて入っているうえに、何らかのメッセージもちゃんと付け加えられていて、無駄がありません。

たとえばこんなメールです。

企画書作成のお願い
○○様
営業第1部の△△です。
次回営業会議向けに企画書の作成をお願いします。以下、概略ですので、よろしくお願いします。
テーマ：◎◎◎
枚数：A4で2枚程度
期限：×月×日
不明な点があれば、営業1部の△△までご連絡ください。よろしくお願いします。

簡潔で論理的だから冷たいというのではなく、ビジネスメールではむしろそのほうが親切なんですね。みなさんも新聞記事を参考にして、今から「文章力」を鍛えておきましょう。

28 「雑談力」をつけるには、時節ものの記事は見逃すな

何か重大な話題があると、テレビのニュースでも大きく取り上げられます。そういうときは、せっかくですからその日の新聞も見てみましょう。各紙の記事をコピーして比較してみてもいいかもしれませんね。

たとえば日本人がノーベル賞を受賞したニュースで世の中がもちきりになっているとします。それについて新聞では詳しい記事が載りますので、それを読んでおけば、ノーベル賞について人に語れるようになります。

すると人が知りたがっている話題について詳しく話せるので、みなの食いつきがよくなります。

2015年のノーベル生理学医学賞に日本人の大村智《さとし》北里大学特別栄誉教授が選ばれました。新聞記事には大村さんについて生い立ちから研究内容、業績、日頃の生活まで詳しく伝えられています。

その記事さえ読んでおけば、大村さんはなぜノーベル賞を授賞されたのか、その研究

はなぜ高く評価されたのか、大村さんが研究をめざすきっかけはなんだったのか、などについて即座に答えられるわけです。

2015年10月6日の朝日新聞朝刊を読むと、大村さんに関するおおよそのことがわかります。

大村さんは熱帯地方で流行する河川盲目症という感染症の治療薬を発見し、年間3億人もの人々を失明から救っているそうです。

年間3億人とはすごいですね。友達と話すときも「大村さんは年間3億人もの人たちを救ったらしいよ」と言えば、みんなびっくりするでしょう。

では大村さんはその薬をどうやって見つけたのか。記事によると、大村さんは静岡県伊東市のゴルフ場近くの土からカビに似た細菌を見つけます。

それを共同研究していたアメリカの製薬会社に送って、「イベルメクチン」という薬が開発されたわけです。

ここで面白いのは、大村さんがゴルフ場の土から細菌を見つけたことです。大村さんは「私自身は微生物がやってくれた仕事を整理しただけ。科学者は人のためにやることが大事だ、という思いでやってきた」と語っています。その謙虚な姿勢もすごいですね。

また同じ日の日本経済新聞朝刊の「春秋」というコラムを読むと、大村さんが本格的な研究に入ったいきさつについて印象的なエピソードが書かれています。

大村さんはかつて工業高校の夜間部の教師をしていた頃、手に油汚れをつけたまま鉛筆を握って学ぶ生徒がいたそうです。その姿を見て、自分もまだまだ勉強しなければいけないと思ったと書かれています。

こういうエピソードを語るのも「へえー」と人を驚かせると同時に、「自分も頑張ろう」という励みになりますね。

もう少しマニアックな話になると、大村さんの経歴も面白いと思います。大村さんは私学の北里大学の先生であり、出身大学は山梨大学です。いわゆる旧帝大の先生でも出身者でもないわけです。

毎日新聞の同年10月6日の夕刊には、「私学初の快挙」という見出しがあります。記事によると、文科省の補助金の約7割は旧帝大を中心とする国公立大の研究者に多く配分され、私立大への補助金はそれよりはだいぶ少ないそうです。

明らかに研究費が潤沢といえない環境の中で、ノーベル賞受賞という快挙を成し遂げたわけですから、そんなことも、話題のひとつになるでしょう。

このように新聞記事には、豊富な情報がつまっています。人と話すときのネタとしては、これほど情報豊富でわかりやすいメディアはほかにありません。

これからはちょっとお得感のある「雑談力」がはやると私は思います。人との雑談で軽い「へえ」があると、その人への評価があがります。

新聞を読んでいると、「へえ」のネタがたくさん仕入れられるので、「この人とまた話したい」という〝引き〟になります。

人間関係をうまくやりたい人はぜひ新聞を読んで「雑談力」を磨いてください。

29　海外ネタは「グローバリズム」を養うきっかけになる

みなさんの中にイスラム国（ＩＳ）という言葉を、この本で初めて知ったという人は、世界情勢にあまりに無知ですから、反省して今日から勉強してください。

イスラム国は国というより、イスラム教を掲げる過激派組織です。これに関する記事を一度でも読んでおくと、「ああ、今はこういうふうに情勢が変化したんだな」ということがわかります。基礎知識さえ入っていれば、世界情勢に何か変化が起きたときも、おのずと頭に入ってきます。

新聞を一度読めば基礎知識がみな得られるのです。

イスラム国は国家を名乗っていますが、暴力的なことをします。日本人も処刑されていますね。とにかく残虐非道なことばかりするので、世界のほとんどの国は国家として認めていません。

イスラム国が勢力を強めているのがシリアです。シリアでは今まで政権を握っていたアサド政権と反アサド政権が対立して、内戦状態になっています。その混乱に乗じてイスラム国が支配地域を広げているのです。

国際社会は〝反イスラム国〟では一致していますが、アサド側か反アサド側かで対立しています。アメリカはアサド政権を正式な政権として認めていません。一方ロシアはアサド政権を認めていて、反アサド勢力に空爆を加えています。

シリアという国をめぐって、アメリカとロシアの外交力が衝突しているのです。そういうことがわかると、その後のいろいろなニュースも理解しやすくなります。

少し前、ワールドカップの予選で日本対シリア戦を行っていました。シリアでは試合ができないので、試合はオマーンの競技場でした。シリアは内戦状態ですから、サッカーの国際試合などできません。

「そういえばサッカーはオマーンで試合をしていたな。シリアは大変なことになっちゃってるんだな」ということが実感できます。

ヨーロッパの難民問題もシリアのことがわかれば、背景がつかめます。シリアから命からがら逃げてきて、途中で命を落とす人がたくさんいます。小さな子どもでさえ、生き延びたいという強い意志を持って、小さなボートで海を渡り、命がけでヨーロッパをめざして来るのです。

　こういう状況を知ると、日本で平和に暮らしている私たちはとても幸せだとわかります。日本では「自分は不幸だ」と言って、自殺をしてしまう人もいます。でもシリアの難民の人たちに比べたら、はるかに恵まれているのです。

　自分一人で悩んでいるときはたしかに苦しいと思うかもしれませんが、世界には自分よりもっと大変な人がたくさんいます。新聞を読めば確実に視野が広がり、自分の悩みがちっぽけに思えてくるでしょう。

　今まさに世界で起きていて、世界史の教科書に載るような出来事について知っておくと、日本で生活していることの幸福を改めて実感できます。

　世界史を知っていれば、新聞を読むことが面白くなるし、新聞を通じて世界史に興味を持つこともあります。すると世界中のことに興味を持てるようになります。

　EU（もとはEC）の誕生が、第二次世界大戦でヨーロッパの国同士が戦争をしたことへの反省につながっていることを知っていれば、「英国EU離脱」のニュースは、「世界史的事件だ！」と思えます。

中には「世界のことは知らなくていい」「世界史なんて覚えてもしかたない」と言う人がいるかもしれませんね。

でも世界史は今世界で起きている出来事とすべてつながっていますし、今何が世界で起きているのか知ることは人間として当然の常識です。なぜなら、私たちは世界の中で生きているからです。

そして各人が世界に対する知識を持つことで、この世の中は少しずつよくなっていきます。たとえば環境問題に対する日本人の意識はこの20~30年でかなり変わりました。日本人はきちんとゴミの分別もしますし、小・中学生であっても環境に対する意識は高いものがあります。

かつての世代に比べると、環境のことを考えたいという思いがひじょうに強いのです。それはなぜかというと「このままでは地球は危ない」というニュースが頻繁に報じられてきたからです。

新聞には国際面があって、紙面をめくればいやでも世界情勢は目に入ってきます。グローバル感覚を養う意味でも新聞はとてもいい教材になると思います。

【コラム4◎日本語の記事はどのように英訳されているのか】

新聞記事は日本語だけでなく、英訳されて世界各国に配信されています。日本の情報が間違ったニュアンスで伝えられてしまったために、誤解を与えてしまったケースもありました。日本の記事がどのように英訳されているのか、安倍晋三《しんぞう》首相の「戦後70年談話」の一部を例にとって見てみましょう。この記事はていねいに英訳されているので、英語の勉強にも役立つものです。

［原文］

（略）

そして七十年前。日本は、敗戦しました。

戦後七十年にあたり、国内外に斃《たお》れたすべての人々の命の前に、深く頭《こうべ》を垂れ、痛惜の念を表すとともに、永劫《えいごう》の、哀悼の誠を捧げます。

先の大戦では、三百万余の同胞の命が失われました。祖国の行く末を案じ、家族の幸せを願いながら、戦陣に散った方々。終戦後、酷寒の、あるいは灼熱《しゃくねつ》の、遠い異郷の地にあって、飢えや病に苦しみ、亡くなられた方々。広島や長崎での原爆投下、東京をはじめ各都市での爆撃、沖縄における地上戦などによって、たくさんの市井《しせい》の人々が、無残にも犠牲となりました。

戦火を交えた国々でも、将来ある若者たちの命が、数知れず失われました。中国、東南アジア、太平洋の島々など、戦場となった地域では、戦闘のみならず、食糧難などにより、多くの無辜《むこ》の民が苦しみ、犠牲となりました。戦場の陰には、深く名誉と尊厳を傷つけられた女性たちがいたことも、忘れてはなりません。

何の罪もない人々に、計り知れない損害と苦痛を、我が国が与えた事実。歴史とは実に取り返しのつかない、苛烈なものです。一人ひとりに、それぞれの人生があり、夢があり、愛する家族があった。この当然の事実をかみしめる時、今なお、言葉を失い、ただただ、断腸の念を禁じ得ません。

これほどまでの尊い犠牲の上に、現在の平和がある。これが、戦後日本の原点であります。

二度と戦争の惨禍を繰り返してはならない。

事変、侵略、戦争。いかなる武力の威嚇や行使も、国際紛争を解決する手段としては、もう二度と用いてはならない。植民地支配から永遠に訣別《けつべつ》し、すべての民族の自決の権利が尊重される世界にしなければならない。

先の大戦への深い悔悟の念と共に、我が国は、そう誓いました。自由で民主的な国を創り上げ、法の支配を重んじ、ひたすら不戦の誓いを堅持してまいりました。七十年間に及ぶ平和国家としての歩みに、私たちは、静かな誇りを抱きながら、この不動の方針を、これからも貫いてまいります。

我が国は、先の大戦における行いについて、繰り返し、痛切な反省と心からのお詫《わ》びの気持ちを表明してきました。その思いを実際の行動で示すため、インドネシア、フィリピンはじめ東南アジアの国々、台湾、韓国、中国など、隣人であるアジアの人々が歩んできた苦難の歴史を胸に刻み、戦後一貫して、その平和と繁栄のために力を尽くしてきました。

（以下略）

［英訳文］

（略）

And, seventy years ago, Japan was defeated.

On the 70th anniversary of the end of the war, I bow my head deeply before the souls of all those who perished both at home and abroad. I express my feelings of profound grief and my eternal, sincere condolences.

More than three million of our compatriots lost their lives during the war: on the battlefields worrying about the future of their homeland and wishing for the happiness of their families; in remote foreign countries after the war, in extreme cold or heat, suffering from starvation and disease. The atomic bombings of Hiroshima and Nagasaki, the air raids on Tokyo and other cities, and the ground battles in Okinawa, among others, took a heavy toll among ordinary citizens without mercy.

Also in countries that fought against Japan, countless lives were lost among young people with promising futures. In China, Southeast Asia, the Pacific islands and elsewhere that became the battlefields, numerous innocent citizens suffered and fell victim to battles as well as hardships such as severe deprivation of food. We must never forget that there were women behind the battlefields whose honour and dignity were severely injured.

Upon the innocent people did our country inflict immeasurable damage and suffering. History is harsh. What is done cannot be undone. Each and every one of them had his or her life, dream, and beloved family. When I squarely contemplate this obvious fact, even now, I find myself speechless and my heart is rent with the utmost grief.

The peace we enjoy today exists only upon such precious sacrifices. And therein lies the origin of postwar Japan.

We must never again repeat the devastation of war.

Incident, aggression, war -- we shall never again resort to any form of the threat or use of force as a means of settling international disputes. We shall abandon colonial rule forever and respect the right of self-determination of all peoples throughout the world.

With deep repentance for the war, Japan made that pledge. Upon it, we have created a free and democratic country, abided by the rule of law, and consistently upheld that pledge never to wage a war again. While taking silent pride in the path we have walked as a peace-loving nation for as long as seventy years, we remain determined never to deviate from this steadfast course.

Japan has repeatedly expressed the feelings of deep remorse and heartfelt apology for its actions during the war. In order to manifest such feelings through concrete actions, we have engraved in our hearts the histories of suffering of the people in Asia as our neighbours: those in Southeast Asian countries such as Indonesia and the Philippines, and Taiwan, the Republic of Korea and China, among others; and we have consistently devoted ourselves to the peace and prosperity of the region since the end of the war.

（以下略）

おわりに

友達から「最近、新聞を読んでいるんだ」と言われたら、どんな印象を受けるでしょう？　ちょっと知的な感じがしないでしょうか？

今、新聞を読む人は少ないだけに、「この間、新聞で読んだんだけど」と言っただけで、「おっ、こいつは新聞を読んでいるのか」と一目置かれる存在になるでしょう。少なくとも「この間、テレビで見たんだけど」と言うより、グレードが高い気がします。

新聞を読んでいる人は、社会に対する関心が高く、生き生きした印象を与えます。人との会話で新聞記事を話題にする人が減ってきている今だからこそ、新聞を読む価値は上がっていると思います。

私は大学の授業で学生たちに積極的に新聞を読んでもらっていますが、新聞を読み始めると、不思議と「人としてちゃんとしてきたな」「大人らしくなってきたな」という印象がついてきます。

きちんとした情報源を持ち、いろいろなアンテナを立てることで、発言に説得力が増して、本人も自信がついてきます。自分が新聞記事を紹介するセンターのような存在になれば、周りからも感謝されるでしょう。

その積み重ねは将来必ず役に立ちます。近々のことでいえば、間違いなく就活で威力を発揮します。人事担当者は毎回何十人、何百人という学生のエントリーシートに目を通し、面接をしますから、その学生がどんな生活をしているのかが、たちどころにわかります。

日頃からアンテナを立てて、知的な生活を送っているかどうかは、その人のたたずまいや発言のはしばしでわかります。企業が求めているのは、正確に情報を把握して、バランスがとれた判断ができる人です。新聞はまさにそうした人材を養うのに最適な教材です。

また新聞は知識を広げ、「雑談力」もつきますので、人間関係をスムーズにします。

その意味で新聞はひじょうにコストパフォーマンスに優れています。就活には最適だし、教養が身につくので、自分の人生は豊かになるし、人間関係においても雑談のネタに事欠きません。それによって、新たな出会いが生まれたり、仕事に恵まれる可能性があります。

社会に出ると、人はちょっとした会話で知性が計られてしまいます。「こんなことも知らないんだ」と思われると、次からはレベルを落とした話しかしてもらえないのですが、それに気づかないのは本人だけ、という悲しい状況になってしまいます。

新聞を読まないリスクはたくさんありますが、読むリスクはありません。こんなにコストパフォーマンスに優れたメディアを活用しない手はありません。

この本を読んだことをきっかけにして、みなさんは今日からぜひ新聞を読むようにしてください。新聞はきっとみなさんに豊かな人生をもたらしてくれるに違いありません。新聞は人生の宝庫なのです。

「新聞力は、社会力！」です。

chikuma primer shinsho

ちくまプリマー新書263

新聞力《しんぶんりょく》——できる人《ひと》はこう読《よ》んでいる

二〇一六年十月十日　初版第一刷発行

著者　齋藤孝（さいとう・たかし）

装幀　クラフト・エヴィング商會

発行者　山野浩一

発行所　株式会社筑摩書房
東京都台東区蔵前二-五-三　〒一一一-八七五五
振替〇〇一六〇-八-四一二三

印刷・製本　中央精版印刷株式会社

ISBN978-4-480-68968-9 C0295 Printed in Japan

乱丁・落丁本の場合は、左記宛にご送付ください。
送料小社負担でお取り替えいたします。
ご注文・お問い合わせも左記へお願いします。
〒三三一-八五〇七　さいたま市北区櫛引町二-六〇四
筑摩書房サービスセンター　電話〇四八-六五一-〇〇五三